CÓMO INVERTIR EN BOLSA

UN MANUAL PRÁCTICO Y COMPLETO PARA GANAR DINERO EN BOLSA EN EL FOREX TRADING COMO INVERSOR PARTICULAR

GREGORIO RUBIO

ÍNDICE

* * *

En primer lugar, me gustaría agradecerle que haya dado el primer paso de confiar en mí y haya decidido comprar/leer este Libro que transforma la vida. Gracias por gastar su tiempo y recursos en este material.

Puedo asegurarte resultados exactos si sigues diligentemente el plan exacto que expongo en el manual de información que estás leyendo. Ha transformado vidas, y creo firmemente que también transformará su propia vida.

Toda la información que he presentado en este artículo de "Hágalo usted mismo" es fácil de digerir y practicar.

INTRODUCCIÓN

En el pasado, *Forex market* (mercado de divisas) sólo estaba reservado y era exclusivo para las empresas financieras, las grandes compañías, los multimillonarios, los bancos centrales y los fondos de cobertura.

Pero a través de la aparición de la banca digital y el auge de los teléfonos inteligentes, cualquiera puede ahora participar en este volátil, altamente fluido y excitante mercado financiero.

Los exitosos *traders* (comerciantes) de Forex ahora ganan mucho dinero cada día, gracias a la disponibilidad de diversas plataformas.

Pero en mis años de experiencia en el mundo del Forex, también me he encontrado con personas que han perdido mucho dinero en cuestión de minutos.

Ciertamente, el Forex market puede hacerte rico, pero no de la noche a la mañana. Se necesita conocimiento, habilidades y disciplina para seguir las estrategias más adecuadas antes de que pueda ser rentable en el Forex market.

Escrito como una guía para principiantes, para las personas que se sienten atraídas por el Forex market, este libro puede ayudarte a aprender lo siguiente:

- Las teorías y mecanismos fundamentales detrás del Forex Market.
- Las habilidades esenciales que necesitas aprender para tener éxito en el *Forex trading.*
- Las principales estrategias fundamentales y técnicas que los experimentados traders de Forex están utilizando.
- Los errores comunes que debes evitar para no perder dinero.

El mundo de las divisas puede convertirse en un terreno fértil para los day traders. Pero esto sólo puede ser posible si realmente entiendes los conceptos básicos que influyen en el mayor mercado financiero del mundo.

El objetivo al escribir esta guía para principiantes es ayudarte a desarrollar un buen entendimiento del Forex market antes de que empieces a operar.

¡Comencemos!

CAPÍTULO 1. UNA BREVE HISTORIA DEL FOREX MARKET

Con la escala global del Forex market, necesitas primero entender los eventos históricos importantes, que están relacionados con el sistema de divisas que usamos hoy en día, así como la forma en que el Forex market ha evolucionado con el tiempo antes de tratar de operar o invertir en este mercado altamente volátil.

El patrón oro

El modelo del patrón oro se estableció en 1875 como un modelo de moneda mundial. Esto se convirtió en uno de los primeros hitos del Forex market. Antes de este estándar, los países en el siglo XIX solían utilizar metales preciosos como el oro o la plata para los pagos internacionales.

La principal desventaja de este sistema es la volatilidad de los precios del oro y la plata, ya que están influenciados por la oferta y la demanda. Por ejemplo, el agotamiento de las reservas primarias de oro en un país determinado puede tener efectos prolongados en los precios del oro.

En el patrón oro, los gobiernos o las empresas tienen que acordar la conversión de sus monedas en un equivalente específico del oro y viceversa. Por lo tanto, la moneda debe estar respaldada por el oro real en reserva. Y así, los gobiernos durante el siglo XIX tuvieron que asegurar suficientes reservas de oro para satisfacer la demanda de cambio de divisas.

Las principales economías mundiales de la época, como Gran Bretaña y China, ya habían establecido el valor de la moneda. Eventualmente, la distinción en el precio del oro entre dos monedas fue considerada como el tipo de cambio entre las dos monedas. Esto se convirtió en el primer patrón para el Forex trading.

Al comienzo de la Primera Guerra Mundial, el patrón oro finalmente se volvió obsoleto. Debido al inminente peligro de las potencias del eje, muchos países europeos tuvieron que financiar proyectos militares masivos. Las reservas de oro no eran suficientes, ya que necesitaban completar los proyectos en un plazo limitado.

Después de la guerra, algunos países restablecieron el patrón oro, pero la mayoría de las economías descartaron el sistema cuando la guerra volvió a estallar en la década de 1940. Sin embargo, el oro siguió siendo valorado como el canal preferido para los pagos internacionales.

El patrón dólar

Antes del final de la Segunda Guerra Mundial, las fuerzas aliadas consideraron crucial, establecer un sistema de moneda para resolver los inconvenientes del patrón oro. Así que, en 1944, se convocó una reunión en Bretton Woods, Nuevo Hampshire, para deliberar sobre un nuevo sistema de gestión de la moneda. El sistema resultante se llamó más tarde el Sistema de Bretton Woods.

Las fuerzas aliadas acuerdan adherirse a lo siguiente:

- Utilizar un sistema de tipo de cambio fijo para *trading currencies* (comercio de divisas).
- Usar el dólar de los Estados Unidos como la principal moneda de reserva para reemplazar el oro.

- Forman tres organismos mundiales para gestionar las actividades económicas: el Fondo Monetario Internacional (FMI), el Banco Mundial y el Acuerdo General sobre Aranceles Aduaneros y Comercio (GATT).

Bretton Woods se convirtió en el lugar de nacimiento del dólar americano como moneda de reserva mundial. Además, el dólar también se estableció como la única moneda que tenía un equivalente real de las reservas de oro.

Como tal, los EE.UU. tuvieron que ejecutar una serie de pagos de equilibrio del déficit para asegurarse de que la moneda fuera la más estable del mundo. Sin embargo, en la década de 1970, las reservas de oro de EE.UU. no eran suficientes para sostener las actividades económicas del mundo.

En 1971, el presidente de los Estados Unidos, Richard Nixon, puso fin al sistema de Bretton Woods, al declarar oficialmente la terminación del sistema de reserva de oro para el dólar americano. A pesar de que el sistema de Bretton Woods fue un sistema de corta duración, contribuyó de manera importante a la economía mundial actual.

Cuando se eliminó el sistema de Bretton Woods, los gobiernos del mundo adoptaron gradualmente los tipos de cambio flotantes. Pero en 1976, el Acuerdo de Jamaica condujo a la eliminación permanente del patrón de reserva de oro. Sin embargo, esto no significó que el gobierno adoptara totalmente el sistema de tasa flotante. Muchos gobiernos seguían utilizando tasas flotantes, tasas fijas o tasas en dólares.

El mecanismo de tasas flotantes

Este mecanismo de intercambio se establece si se permite que el tipo de cambio de una moneda cambie libremente de valor según las fuerzas del mercado de la demanda y la oferta. Sin embargo, el banco central o el estado podrían aún interferir para asegurar la estabilidad de la moneda si los tipos de cambio experimentan una alta fluctuación.

Por ejemplo, si la moneda de un país está cayendo demasiado, el gobierno puede optar por aumentar los tipos de interés a corto plazo. Esto a su vez hará que la moneda se aprecie ligeramente. Pero ten en cuenta que se trata de una perspectiva macro, ya que los bancos centrales suelen emplear varias herramientas para la gestión de la moneda.

El *pegging* se refiere a la práctica de un país de establecer un tipo de cambio fijo para otra moneda de manera que sea más estable en comparación con los tipos de cambio flotantes regulares.

En particular, el *pegging* permitirá que la moneda de un país tenga un tipo de cambio fijo con una o un grupo determinado de monedas extranjeras. Además, la moneda sólo puede fluctuar si hay un cambio significativo en las monedas vinculadas.

En 1997 y 2005, el gobierno chino fijó su moneda al dólar de los EE.UU. en 1 dólar por 8,28 yenes. La desventaja de la fijación es que el valor de la moneda está ahora a discreción de la economía del país. Por ejemplo, cuando el dólar americano aumenta significativamente su valor frente a otras denominaciones, el valor del yuan chino también aumentará.

La dolarización

La dolarización se produce si un país decide no utilizar su propia moneda y adopta el dólar de los Estados Unidos como moneda. Aunque la dolarización normalmente otorga a un país una mayor estabilidad, la desventaja es que el banco central del país no puede hacer ninguna forma de política monetaria o imprimir su propio dinero.

Entre los países que adoptaron el dólar de los Estados Unidos figuran Zimbabue, las Islas Vírgenes Británicas, Palaos, las Islas Marshall, El Salvador, Timor Oriental y Ecuador.

CAPÍTULO 2. FOREX TRADING COMO UN NEGOCIO

El Forex market o Forex, ha experimentado un auge y ahora se considera uno de los mercados financieros más activos en la actualidad. Existe desde hace décadas, pero el reciente auge de las tecnologías de negociación lo ha hecho accesible a los traders privados en una escala sin precedentes.

En esencia, el Forex trading consiste en especular el valor de una moneda contra otra. Las palabras clave de la frase anterior son "moneda" y "especulación". Es importante observar el Forex trading en estas dos dimensiones.

En primer lugar, el Forex trading es especulativo, similar al Stock trading u otros instrumentos financieros, con la esperanza de que aumente su valor y que tú, como operador, obtenga un beneficio.

En segundo lugar, los valores financieros con los que se especula son las monedas de diferentes países.

Si consideramos estas dos dimensiones por separado, el Forex trading tiene que ver tanto con la dinámica de la especulación en el mercado como con los factores que afectan el valor de las divisas. Si combinamos estos factores, obtenemos el mercado financiero más grande y emocionante del mundo.

. . .

Especulando como un negocio

En general, la especulación consiste en tomar riesgos con la esperanza de ganar dinero. Sin embargo, no es ni invertir ni apostar.

Invertir es reducir el riesgo y maximizar los beneficios, normalmente durante un período de tiempo prolongado.

Apostar se trata de arriesgar dinero, incluso si no está seguro de que ganará.

La especulación o Active trading consiste en tomar riesgos calculados para intentar obtener beneficios, normalmente en un período de tiempo muy corto.

Para ser un trader exitoso en cualquier mercado (no sólo en el Forex market) se necesita lo siguiente:

- Conocimiento
- Decisión
- Perseverancia
- Recursos financieros
- Recursos tecnológicos
- Disciplina emocional
- Disciplina financiera
- Dedicación (Energía y Tiempo)

Pero aunque poseas todos los elementos mencionados anteriormente, no hay nada que pueda reemplazar el elaborar un plan de trading integral. Puede ser una estupidez abrir un negocio sin desarrollar primero un plan. Por lo tanto, no esperes que el éxito en el Forex trading sea rotundo si no puedes desarrollar un plan real de trading que puedas seguir.

Considera el Forex trading como un negocio y enfócalo como si fuera una empresa real. Tómalo en serio.

Las divisas como instrumentos financieros

El Forex market también funciona las 24 horas del día, seis días a la semana, lo que puede proporcionar a los day traders acceso a cualquier mercado en cualquier momento. Además, hay fuertes restricciones: no hay requisitos para vender un *currency pair* (par de divisas) en corto, no hay límites en el tamaño de las posiciones, y no hay límites de operaciones diarias.

Cuando estás vendiendo un currency pair en una posición corta, estás esperando que su precio caiga. Debido a la forma en que se cotizan los currency pairs y a las fluctuaciones del Forex market, las posiciones cortas son tan comunes como las posiciones largas en el mercado.

La mayor parte de la acción ocurre en los currency pairs primarios, que enfrentan al dólar americano contra la Eurozona (países de Europa que han adoptado el euro como su moneda), Suiza, Gran Bretaña y Japón.

Además, también hay muchas oportunidades de trading en los currency pairs menores, que permiten que el dólar americano (USD) compita contra los dólares australianos (AUD), canadienses (CAD) y neozelandeses (NZD). También está el Forex trading cruzadas que enfrenta directamente a dos divisas que no son dólares americanos como el yen japonés contra el franco suizo.

Dependiendo de la empresa de corretaje de divisas con la que estés tratando, hay alrededor de 15 a 20 currency pairs principales. Muchos traders individuales ahora comercian divisas en línea (en un PC, tableta o incluso en un teléfono móvil) pero siempre a través de una empresa de corretaje.

El Forex trading en línea suele realizarse de manera marginal, lo que permite a los traders individuales negociar grandes cantidades aprovechando el monto del margen en depósito. El trading con apalancamiento es una de las características clave del Forex market.

También conocido como ratios de margen comercial, el apalancamiento puede ser bastante alto, a veces hasta 200:1 o incluso más. En este apalancamiento, un depósito de margen de 1000 dólares te permitirá controlar un tamaño de posición de 200.000 dólares.

El trading con apalancamiento es el telón de fondo contra el que se realizará toda la operación. Tiene sus ventajas, pero también sus propios requisitos y reglas. Pero debes recordar que el trading con apalancamiento es como tratar con una espada de dos filos. Puedes amplificar tus pérdidas y ganancias, lo que hace que la gestión del riesgo sea la clave de cualquier estrategia comercial lucrativa.

Antes de empezar a operar en el Forex market, necesitas entender realmente cuál es tu capital de riesgo o el dinero que estás dispuesto a perder. La gestión del riesgo es la clave de cualquier plan de trading exitoso.

Sin una estrategia centrada en la gestión de riesgos, las operaciones de margen podrían ser de corta duración. Con un plan de riesgo adecuado, tienes una mejor oportunidad de sobrevivir a las pérdidas en tu operación y ganar dinero en el proceso.

El Forex market no se ve afectado por las recesiones económicas como ocurre con otros mercados financieros, como los de valores. La venta de un currency pair es normal en este mercado, lo cual es bastante diferente en otros mercados financieros. Por ejemplo, en el *Stock market* (mercado de valores), los day traders no suelen vender acciones debido a los riesgos financieros que implican.

Debido a que la venta es bastante común en el Forex market, es virtualmente inmune a las caídas financieras. Los traders siempre están negociando currency pairs, por lo que algo siempre sube incluso en tiempos de crisis económica.

Los tipos de cambio se ven afectados principalmente por la información. Todos los mercados financieros se rigen por la información, pero el Forex market tiene su propia lista de dinámicas de información.

En un momento dado, numerosas divisas cruzadas están en juego en el Forex market. Después de todo, el Forex market está fijando el valor de una divisa en relación con otra divisa.

Por lo tanto, tú está enterado de la información que está afectando a dos grandes economías del mundo.

Los fundamentos del mercado que impulsan el Forex Market

Los fundamentos se refieren a la agrupación general de información que refleja las condiciones políticas y macroeconómicas de los países cuyas monedas se comercian.

La mayoría de las veces, si escuchas hablar de los fundamentos de las divisas, se refiere a los fundamentos económicos

Las bases de los fundamentos económicos son las siguientes:

- Niveles de los tipos de interés
- Corrientes de comercio internacional
- Informes de datos económicos
- Política monetaria
- Corrientes de inversión internacional

La confianza o la fe que el mercado pone en la moneda es un elemento esencial del valor de cualquier moneda. Si eventos políticos como un escándalo, una guerra, o una elección divisiva son percibidos como una amenaza a la confianza en el liderazgo de una nación, el valor de la moneda puede ser afectado negativamente.

. . .

Impulsores técnicos en el Forex Market

Si escuchas la palabra "técnicas" en cualquier mercado financiero, normalmente significa análisis técnico, que es un método de evaluación de un mercado que implica el análisis de la línea de tendencia, el análisis gráfico y los estudios matemáticos del comportamiento de los precios, como los promedios móviles o el *momentum*.

El análisis técnico es como una herramienta que puedes usar para completar una operación, similar a usar un teléfono móvil. No tienes que entender todo el mecanismo de un celular antes de aprender a usarlo. Sin embargo, necesitas saber manipularlo correctamente para que puedas llamar a alguien, enviar un mensaje de texto o usar aplicaciones móviles.

El análisis técnico es crucial en el Forex trading debido a la cantidad de datos fundamentales que llegan al mercado en cualquier momento. Los traders del Forex market aplican regularmente diferentes formas de análisis técnico, para definir y perfeccionar sus estrategias de trading con muchos traders que negocian currency pairs basados en indicadores técnicos.

Ten en cuenta que el Forex trading es sólo un tipo de especulación de mercado y el trading especulativo implica una dinámica inherente en el mercado.

El Forex market está compuesto por cientos de miles de traders con diferentes perspectivas del mercado y cada uno de ellos expresa su punto de vista, ya sea vendiendo o comprando varias divisas, en diferentes momentos con diferentes precios.

La importancia de un plan de trading

Primero, es importante establecer tu estilo de operación antes de empezar a desarrollar tu plan de Forex trading. Los diversos estilos de operación básicamente requieren variaciones en los planes de trading, aunque hay muchas reglas generales en las operaciones que se aplican a todos los estilos.

El estilo de operación se reduce a la forma en que tú abordas el Forex trading en términos de lo siguiente:

Periodo de tiempo

Necesitas determinar cuánto tiempo mantendrías tu posición. Algunos traders de Forex miran las oportunidades de comercio a corto plazo. Esto se conoce como *day trading*. Mientras tanto, algunos traders tratan de capturar movimientos más significativos en los precios de Forex, en días, semanas o incluso meses.

Currency pair

¿Estás buscando comerciar en diferentes currency pairs o estás más interesado en enfocar tu energía en unos pocos pares?

Apetito de riesgo

¿Cuánto dinero estás dispuesto a arriesgar y cuál es tu nivel de expectativas para tus ganancias comerciales?

Razón fundamental

¿Tienes una inclinación técnica o fundamental? ¿Estás buscando desarrollar un modelo de trading sistemático? ¿Qué estrategias quieres seguir? ¿Te sientes cómodo siguiendo las tendencias del Forex market? ¿O estás más inclinado a convertirte en un trader de Forex de primera línea?

Puedes probar diferentes estrategias y estilos usando cuentas de prueba. Pero no olvides que tu objetivo es poner a punto tu estilo de comercio, con el que te sientas cómodo y que puedas seguir de forma regular.

Además, también debes considerar otros factores como las circunstancias individuales, la disciplina personal, el temperamento, las finanzas, el tiempo libre, la familia y las obligaciones laborales. Estas son variables esenciales y tú eres el único que sabe cómo impactan en tus operaciones de Forex.

Independientemente del estilo de comercio que elijas, alcanzar el éxito puede ser un desafío si no estableces tu plan de trading y luego lo sigues. Recuerda, los planes de trading te ayudarán a evitar perder mucho dinero por malas operaciones y también pueden ayudarte a ganar en grande en el mercado.

Además, tu plan de trading sirve como guía, lo que te ayuda a explorar las operaciones después de que las emociones y la adrenalina comiencen a subir, independientemente de lo que el mercado te presente. Pero esto no significa que operar en Forex sea más fácil en comparación con otros mercados financieros.

Sin embargo, está demostrado que operar con un plan mejorará significativamente la probabilidad de éxito en el Forex market con el tiempo. Además, debes comprender que operar sin un plan es una forma garantizada de perder dinero en el Forex market.

Claro, tú puedes ganar dinero con unas pocas operaciones, pero un día de ajuste de cuentas llegará, a cualquier operador que sólo se guíe por sus instintos. Esta es la tendencia en cualquier mercado financiero.

La línea de partida de cualquier plan de trading es determinar una oportunidad para el mismo. No esperes a que ninguna escritura en la pared te diga qué y cuándo operar. Debes dedicar tu esfuerzo y energía en la búsqueda de oportunidades lucrativas para el trading. En este libro, aprenderás algunas ideas de expertos sobre el comportamiento del Forex market en diferentes escenarios.

Ejecución del plan de trading

El Forex trading comienza una vez que entras en el mercado y abres una posición. La forma en que abordas este paso inicial es tan importante como la propia oportunidad de comercio. Recuerda, si nunca has entrado en la posición, no podrás explotar ninguna oportunidad de comercio.

Y posiblemente, nada es más decepcionante como operador que la identificación de una oportunidad de comercio, tenerla para ir de la manera que esperas, pero sin poder cosechar los resultados porque nunca has abierto una posición en primer lugar.

El dinero y la energía que inviertes en el estudio, el seguimiento y la evaluación del Forex market sólo tienen un resultado sólido si abres una operación. Este proceso es mucho más fácil desarrollando tu propio sistema de trading con configuraciones y puntos de activación que pueden ayudarte a entrar en la operación.

La colocación de la operación es sólo el comienzo. El mero hecho de tener un plan de trading no significa que el mercado siga en marcha. Tú debes participar activamente en la gestión de tu posición con el fin de maximizarla en caso de que la posición sea de ganancia y luego reducir el daño si el mercado va en contra de tus expectativas.

Para poder retener la mayor parte de tus ganancias, debes tener un plan de gestión comercial activo. Con la estrategia y la disciplina adecuadas, puede ser fácil ganar dinero en el Forex trading. El verdadero desafío es mantener tus ganancias.

Es crucial que aprendas a mantenerte en el terreno. El Forex market siempre se moverá, por lo general mucho más rápido de lo habitual. Además, nueva información llegará al mercado. Más adelante en este libro, veremos varias maneras de hacer un seguimiento de tus operaciones activas y también cómo y cuándo debes ajustar tu estrategia de operaciones, dependiendo del tiempo y los eventos.

Las salidas comerciales sirven como el final de todo el proceso, donde puedes ganar o perder dinero a menos que, por supuesto, salgas al precio de entrada. Esta es la forma en que funciona el mercado.

Aunque tu operación siga activa, debes tener en cuenta que sigues teniendo el control y puedes elegir salir de la operación en cualquier momento. Echaremos un vistazo a las importantes consideraciones tácticas que debes tener en cuenta cuando sea el momento de cerrar la operación.

Tu operación aún no está completa, incluso después de haber salido del puesto. Si realmente quieres tratar el Forex trading como un negocio serio, debes reevaluar operaciones pasadas inmediatas para que puedas obtener una perspectiva más general sobre las tendencias recientes y el método de ejecución.

Una forma de centrarte en tus operaciones, es documentar tu historial. Estudia cuidadosamente tu estilo de operación anterior para que puedas obtener una visión de las estrategias que son eficaces.

CAPÍTULO 3. EL FOREX MARKET

El Forex market (comúnmente conocido simplemente como Forex, o únicamente Forex market) es el más grande y el más líquido de todos los mercados financieros del mundo.

Este mercado financiero, es la encrucijada del capital global, la intersección a través de la cual los flujos de inversión y comerciales mundiales se dinamizan.

Los flujos comerciales mundiales, como por ejemplo si una empresa surcoreana compra muebles de fabricación francesa, fueron la base original para el desarrollo de estos mercados. Pero hoy en día, los flujos financieros mundiales dominan el comercio como la principal fuente no especulativa de volumen de mercado.

Ya se trate de un fondo de pensiones canadiense que invierte en bonos del Tesoro australiano o de una aseguradora suiza que asigna activos a los mercados bursátiles de Hong Kong, o de un conglomerado japonés que compra una fábrica brasileña, cada transacción internacional tiene que pasar por el Forex market en algún momento. Como tal, el Forex market se considera el mercado definitivo para los traders.

El Forex market está abierto 24 horas al día y seis días a la semana. Esto permite a los traders actuar rápidamente sobre los eventos y noticias que se producen. Esta es la plataforma de trading en la que se pueden realizar fácilmente operaciones por valor de 500 millones de dólares en unos pocos segundos, sin que ello afecte a todo el mercado. Este es un rasgo único en el Forex market. Intenta vender o comprar unidades en otros mercados y será caótico.

Organizaciones como IG Group, CMC Markets, Oanda, Saxo Bank y Forex.com han hecho que el Forex market sea accesible para los traders minoristas. Esto te permite operar las mismas unidades de divisas con fondos de cobertura y grandes conglomerados financieros.

Volumen de mercado de billones de dólares

El promedio diario del volumen de operaciones en el Forex market supera los 5 billones de dólares diarios. Eso es mucho dinero. Para darte una idea de este volumen, es alrededor de 10 veces el volumen de operaciones diarias de los Stock markets de todo el mundo juntos.

Y recuerda, ¡ese volumen es diario!

Pero ten en cuenta que este alto volumen de operaciones diarias que puedes haber visto en los periódicos o en otros libros sobre el Forex trading, en realidad exagera el tamaño de lo que realmente es el Forex market: El *Spot Forex Trading*.

Spot Forex Trading

Spot se refiere al tipo de cambio en el que se puede comerciar con divisas en el momento. Ten en cuenta que en el Stock market, las tasas que puedes operar son básicamente una tasa *spot*. Este término se utiliza básicamente para identificar la diferencia entre una negociación al contado o en efectivo de la negociación de futuros, en la que la fecha de entrega de las unidades se liquidan en una fecha futura.

El mercado Spot Forex se liquida en dos días de actividad. A menos que esté explícitamente escrito en un contrato, el tipo de cambio spot es más factible que lo que tú negocias con tu *broker* (broker) de divisas.

Especulación en el Forex market

Aunque las transacciones financieras y comerciales en los Forex markets representan sumas nominales importantes, aun así se desvanecen en comparación con las sumas basadas en la especulación.

En este momento, la gran mayoría del volumen de Forex trading se basa en la especulación: los traders compran y venden para obtener ganancias a corto plazo, basadas en las fluctuaciones horarias y diarias.

Los expertos en Forex trading estiman que más del 90% del volumen de operaciones diario se deriva de la especulación, lo que significa que las operaciones de divisas comerciales o basadas en inversiones representan menos del 10% del volumen global diario.

La amplitud y profundidad del mercado especulativo hace que la liquidez del mercado general de divisas no tenga paralelo en los mercados financieros mundiales.

La mayor parte del Spot Forex Trading (un volumen alrededor del 75%) se realiza con divisas primarias que representan a las mayores economías del mundo. El Forex trading primario está significativamente exento de regulaciones gubernamentales y ocurre fuera de la autoridad de cualquier organización nacional o internacional.

Además, el movimiento en el Forex market funciona regularmente sobre una base de bloque regional, donde la mayoría de las transacciones se realizan entre el bloque del euro (EUR), el bloque del yen (JPY) y el bloque del dólar americano (USD), lo que significa que son los mayores bloques económicos mundiales.

El trading de las divisas utilizadas por las naciones en desarrollo como Filipinas o Argentina, se suele denominar Forex trading exóticas o mercado emergente. Aunque el trading en los mercados emergentes ha crecido significativamente en los últimos años, en términos de volumen, siguen manteniéndose detrás de las principales monedas.

Debido a algunos catalizadores internos (como las restricciones locales a las transacciones de divisas) y algunos catalizadores externos (como las crisis geopolíticas y el colapso de los mercados financieros que hacen que el mercado emergente sea difícil de comerciar), el mercado emergente tiene mucha menos liquidez, lo que puede desanimar a los pequeños inversores.

Ten siempre en cuenta la liquidez

La liquidez se refiere al interés del mercado y al volumen de operaciones disponibles en cualquier momento para un instrumento financiero determinado. Cuanto más alta sea la liquidez o más profundo sea el mercado, más rápido y fácil será comprar o vender un instrumento.

Como operador de Forex, debes tener siempre en cuenta la liquidez, porque esto te permitirá calcular la rapidez con la que los precios de las divisas se moverán entre tus operaciones. Recuerda que el Forex market tiene una gran liquidez, por lo que normalmente experimentará un gran volumen de operaciones, pero con pequeños cambios de precio.

El mercado se denomina *Thin market* (mercado delgado) si su precio se mueve mucho más rápido en volúmenes comerciales relativamente más bajos. En comparación, un Stock market tiene un nivel medio de liquidez porque sólo negocia durante horas específicas.

Ten en cuenta que en esta guía siempre se hablará de la liquidez porque es uno de los factores más importantes que pueden afectar la acción y el movimiento de los precios. Aunque el Forex market tiene una alta liquidez, el volumen puede variar a lo largo del día de negociaciones y entre diferentes divisas.

Para los traders de Day trading, las variaciones en la liquidez requieren más de estrategia que de táctica.

Si una empresa de fondos de cobertura requiere millones de una empresa en particular, sus analistas mirarán primero el lado táctico de la liquidez, como por ejemplo cuánto afectará la operación a las fluctuaciones de precios dependiendo del rendimiento de la operación y su tiempo.

Pero para los traders de Day trading, que generalmente comercian en unidades más pequeñas, el tamaño de la operación no es una preocupación importante. El nivel de liquidez estratégica es un factor importante en el momento de cuándo y cómo se comportaran los precios.

A lo largo de este libro, miraremos más de cerca las fluctuaciones de la liquidez y el interés del mercado con una atención especial a la negociación de los currency pairs en particular.

Jornada de Trading alrededor del mundo

El Forex market está activo las 24 horas del día, desde el comienzo del horario comercial del lunes por la mañana en Asia, hasta el final del horario comercial en Nueva York. En cualquier momento, dependiendo de la zona horaria, los principales centros financieros como Londres, Tokio o Sídney, están activos y abiertos.

Además de los centros financieros líderes en todo el mundo, numerosas organizaciones financieras también operan las 24 horas del día. Esto proporciona una fuente de interés de mercado permanente. Los centros de Forex trading están activos, incluso durante las vacaciones cuando otros mercados como el de futuros o el de acciones están cerrados.

Mientras es un día de fiesta en Sídney, por ejemplo, Hong Kong o Singapur podrían estar activos. Puede ser el Día Nacional de la Fundación en Japón, pero si es un día hábil, Toronto, Londres, y Nueva York y otros centros financieros siguen comerciando con divisas. El día de Año Nuevo es probablemente el único feriado común en todo el mundo, e incluso eso depende del día en que caiga.

. . .

Apertura de los mercados

No hay una hora oficial de inicio para el Forex trading, pero el mercado está activo cuando Wellington, Nueva Zelanda, comienza el lunes por la mañana. Esto es alrededor del domingo por la tarde en América del Norte, el lunes por la mañana en Asia, o el domingo por la noche en Europa (nota: Esto depende de si el horario de verano está activo en tu zona horaria).

Tomemos por ejemplo la apertura del domingo, que significa el comienzo donde los Forex markets vuelven a operar después de que el mercado se cierra en América del Norte el viernes. Son las 5 de la tarde, hora del este. Esta es la primera oportunidad para que el Forex market reaccione a las noticias y eventos que podrían haber ocurrido durante el fin de semana.

Los precios pueden haber cerrado en el mercado de Tokio en un nivel, pero dependiendo de los eventos actuales, pueden comenzar a operar en varios niveles en la apertura del domingo. El riesgo de brecha del fin de semana o el riesgo de brecha abierta del domingo se refiere al riesgo de que las tasas del Forex market se abran en diferentes niveles el domingo, en comparación con el cierre del viernes.

La brecha se refiere a los movimientos del nivel de los precios cuando éstos no pueden operar entre sí. Como operador minorista, debes entender el riesgo de la brecha del domingo y saber qué eventos se esperan que ocurran durante el fin de semana.

No hay un conjunto garantizado de eventos políticos y no hay manera de descartar lo que podría suceder como un desastre natural, un conflicto geopolítico o un ataque terrorista. Sólo tienes que ser consciente de la existencia de riesgos y considerarlo en tu estrategia de Forex trading.

De los eventos habituales predeterminados durante el fin de semana, los más típicos son los referendos o elecciones nacionales o las reuniones trimestrales del G20. Asegúrate de estar al tanto de cualquier evento importante que esté programado. Por ejemplo, durante el punto álgido de la crisis de la deuda en Europa, numerosas decisiones de rescate de última hora se decidieron durante el fin de semana. Estos acontecimientos tienen importantes implicaciones para los mercados financieros cuando se abren.

En un típico domingo de apertura, los precios básicamente se mantienen donde los dejaron el viernes por la tarde. Los márgenes de precios en la apertura del mercado interbancario serán mucho más amplios de lo habitual porque sólo Nueva Zelanda y las mesas de trading de 24 horas están activas en este período.

Los diferenciales de precios de apertura de 10 a 30 puntos en los principales currency pairs no son raros durante las primeras horas de trading. Una vez que los bancos de Australia y los centros de Asia entran en el Forex market durante las siguientes horas, la liquidez del mercado comienza a mejorar y los diferenciales de precios empiezan a reducirse a niveles más regulares.

Debido a los mayores diferenciales de precios durante las primeras horas del domingo, muchas plataformas de operaciones en línea no comienzan a operar sino hasta las 5 p.m., hora del este. Durante este período, la liquidez permite a las plataformas ofrecer sus cotizaciones regulares de precios.

Con estas cosas en mente, es crucial que seas consciente de las políticas comerciales de tus brokers en relación con la apertura del domingo, en particular en términos de ejecuciones comerciales.

Sesión comercial de Asia y el Pacífico

Según los resultados de la encuesta publicada por el BPI en 2014, los volúmenes de operaciones de los Forex markets de Asia y el Pacífico, representan alrededor del 21% del volumen mundial. Los mayores centros de trading financiero de esta región son Wellington (Nueva Zelanda), Tokio (Japón), Hong Kong, Sídney (Australia) y Singapur.

Los anuncios de noticias de Japón, Australia y Nueva Zelanda llegan al mundo de las divisas en la primera sesión.

Los informes de Australia y Nueva Zelanda se publican regularmente en la hora local de la mañana, que es más o menos a media mañana en la hora del este de los EE.UU.

Los anuncios de noticias de Japón suelen emitirse antes de la sesión de las 9.00 a.m. en Tokio, que es alrededor de las 7:00 p.m. en la hora del este de los EE.UU.

En algunos días, los informes importantes de Japón se emiten por la tarde, que es aproximadamente las 4:00 a.m., hora del este de los Estados Unidos. Todo el movimiento comercial del dólar de Nueva Zelanda (NZD), dólar australiano (AUD) y el yen (JPY), puede ser fijado para toda la sesión comercial, dependiendo de la importancia de los informes de noticias y lo que significan para el mercado.

Además, los informes de noticias de China, principalmente sobre la economía asiática, los cambios en las tasas de interés, los comentarios de los líderes políticos y los cambios de política, también pueden afectar el mercado.

En ciertos días, las fuentes de información americanas como la Reserva Federal, también pueden afectar a las otras regiones, por ejemplo, cuando un funcionario emite un comentario controvertido sobre la economía de los EE.UU. o si los tipos de interés en los EE.UU. cambian repentinamente.

Debido al gran tamaño del mercado japonés así como a la importancia de los acontecimientos actuales en Japón, la mayor parte de la acción en esta región de comercio gira en torno a los currency pairs que involucran al JPY como el EUR/JPY, el AUD/JPY y por supuesto el USD/JPY.

Las compañías y empresas financieras japonesas también están activas en su propia zona horaria, por lo que debes tener cuidado con estas fuentes si tienes interés en los currency pairs JPY.

Para los Day traders, la liquidez general en los principales currency pairs es suficiente para predecir los movimientos de los precios. En las monedas menos líquidas y no regionales como GBP/USD o USD/CAD, los movimientos de los precios pueden ser erráticos o incluso inexistentes dependiendo del entorno del mercado.

Con pocos informes de Canadá emitidos para la siguiente sesión de medio día, podría haber un interés limitado o una razón para que este par se mueva. Pero si un importante operador del mercado tiene la necesidad de iniciar una transacción en este par, el movimiento del precio puede ser más grande de lo normal.

Sesión comercial europea

Los centros de trading europeos comienzan a abrirse a mitad de la sesión asiática. En este momento, el mercado está en pleno apogeo. Estas organizaciones financieras, especialmente Londres (Reino Unido), contribuyen con más de la mitad del volumen total de comercio mundial. El Reino Unido por sí solo comprende alrededor del 30% del volumen promedio mundial (encuesta del BPI, 2014).

La sesión europea de trading se solapa con la mitad de la jornada comercial en Asia y también con el 50% de la sesión comercial norteamericana. Por lo tanto, el interés del mercado así como la liquidez, está en su punto más alto en esta ventana de tiempo específica.

Los anuncios de noticias de Europa (así como de países como el Reino Unido, Alemania, Francia y Suiza) suelen emitirse en las primeras horas de la mañana de comercio de la eurozona.

Por lo tanto, algunos de los movimientos de precios y fluctuaciones comerciales más importantes ocurren en monedas de esta región como la GBP, el CHF y el EUR. Esto incluye los *cross-currency pairs* (pares de divisas cruzados) en Europa como el EUR/CHF y el EUR/GBP.

La sesión comercial asiática comienza a disminuir aproximadamente al mediodía en Europa y los centros financieros norteamericanos abren varias horas más tarde, alrededor de las 7 a.m. hora del este de los Estados Unidos.

. . .

Sesión comercial de América del Norte

Debido a la superposición de las sesiones comerciales en América del Norte y Europa, siempre hay que tener en cuenta los volúmenes comerciales en estas zonas horarias específicas. Algunos de los mayores y más importantes movimientos de precios ocurren durante el cruce entre las sesiones de trading de estas dos regiones.

El volumen de operaciones en América del Norte representa aproximadamente el mismo porcentaje de Asia y el Pacífico, que es aproximadamente el 25% del volumen de operaciones diarias.

La sesión de operaciones en América del Norte comienza cuando se publica información económica importante en los Estados Unidos. Recuerda, las decisiones clave en el Forex market implican principalmente al dólar americano.

La mayoría de los informes de datos procedentes de esta región se publican a las 8:30 a.m. de la hora del este de los EE.UU., y otros centros financieros se publican más tarde ese mismo día, no más tarde de las 10 de la mañana. Algunos informes financieros en los EE.UU. se publican en varios momentos al mediodía o no más tarde de las 2 p.m. Esto activa el Forex market de Nueva York por la tarde. Los centros europeos comienzan a reducir las sesiones de trading diarias alrededor del mediodía.

También hay volatilidad cuando el mercado europeo cierra. Una tendencia significativa que ocurrió antes de la tarde en Europa o en Nueva York puede ser invertida si hay suficiente volumen de operaciones para cubrir los "shorts" o tomar ganancias.

Una tendencia abrumadora también puede extenderse aún más, ya que más traders están tratando de subirse a bordo antes del cierre de la sesión de operaciones. Ten en cuenta que no hay una fórmula fija para que el mercado europeo siga en la sesión de cierre. Pero es casi predecible que se produzca una considerable volatilidad en el mercado alrededor de esta hora.

En las sesiones regulares de trading, la liquidez disminuye en la sesión de la tarde en Nueva York. Esto puede ser un poco difícil para los day traders. En días más «tranquilos», usualmente la menor liquidez resulta en una acción sostenida de los precios.

En los días más activos, en los que los precios suelen fluctuar, la menor liquidez podría provocar más movimientos de precios, ya que pocos traders buscan una mayor liquidez y mejores precios de las divisas.

Al igual que el cierre europeo, no hay un método fijo en el que la sesión norteamericana ejecute los movimientos. Por lo tanto, debes ser consciente de que las condiciones de menor liquidez tienen una alta tendencia a prevalecer y adaptarse en consecuencia.

La mayor volatilidad y la posibilidad de una menor liquidez son más evidentes en los principales pares de baja liquidez, especialmente en los pares GBP/USD y USD/CHF.

El volumen de operaciones y el interés en la región de América del Norte, continúa disminuyendo mientras el Day trading se mueve hacia la sesión de la tarde en Nueva York. Este es también el momento, en el que suelen ocurrir cambios repentinos. Pero la nueva sesión de operaciones comienza cuando Wellington y Sídney abren por la tarde en Norteamérica.

Londres es considerado como el centro del mundo del Forex market. Pero hay muchas oportunidades si se aprovechan los momentos más destacados de las sesiones norteamericanas y asiáticas.

Como operador de Forex, debes recordar que si estás operando en Asia y no hay ningún anuncio de noticias significativo, la tendencia causada por la sesión norteamericana antes de la operación del día, suele prevalecer.

Eventos diarios importantes

Además del interés del mercado y del movimiento de liquidez durante el Forex trading a nivel mundial, también necesitas estar al tanto de los principales eventos diarios que tienden a suceder alrededor de la misma hora todos los días.

Las opciones expiran

Por lo general, las opciones de divisas expiran, ya sea al vencimiento de Nueva York (10 a.m., hora del este) o al vencimiento de Tokio (3 p.m., hora de Tokio). El vencimiento de la opción en Nueva York es la más importante, ya que tiene la tendencia de captar el interés del mercado de opciones tanto en América del Norte como en Europa. Una vez que una opción expira, la opción subyacente deja de existir.

Recuerda que cualquier cobertura del mercado al contado que se haga en base a que la opción esté viva repentinamente, debe ser supervisada cuidadosamente. Esto desencadena importantes cambios de precio en las horas previas y posteriores al vencimiento de la opción.

La variedad y el monto del interés de la opción monetaria son demasiado grandes como para sugerir un solo método para detectar los precios. Sin embargo, si tú estás recibiendo alguna volatilidad alrededor de las 10 a.m. hora del este, esto podría ser causado por el vencimiento de algunas opciones de divisas.

Establecimiento del tipo de cambio en los establecimientos monetarios

La fijación de divisas se refiere a una hora determinada cada día en la que se fijan los precios de las divisas para las transacciones comerciales.

Hay fijaciones de divisas programadas en diferentes centros financieros de todo el mundo. Sin embargo, los dos más importantes son el de Londres (4:00 p.m.) y el de Tokio (8:55 am).

Desde una perspectiva comercial, estos arreglos pueden tener un aumento en un currency pair específico (generalmente de 15 a 30 minutos) hasta la hora de arreglo que de pronto termina de manera precisa.

Un movimiento brusco en un currency pair en particular en la compra relacionada con la fijación, por ejemplo, puede terminar repentinamente a la hora de la fijación y ver que el precio cae inmediatamente de nuevo a donde estaba antes.

Tradicionalmente, el mercado de Londres se compara con las tasas de fijación de WM/Reuters.

Ajustando los Forex Futures Markets (mercados de futuro)

Uno de los mayores futuros Forex market, la Bolsa Mercantil de Chicago (CME), ofrece futuros de divisas a través de la bolsa subsidiaria del Mercado Monetario Internacional (IMM). Un contrato de futuros de divisas determina en qué moneda específica se puede comprar o vender en el futuro.

El Trading de futuros de divisas cierra todos los días en el IMM a las 2:00 p.m. hora central (CT) o alrededor de las 3:00 p.m. en la Costa Este. Numerosos traders del mercado de futuros suelen ajustar o cerrar cualquier posición abierta al final de cada sesión de negociación para los requisitos de margen o para limitar su exposición durante la noche. La última hora que lleva al cierre del IMM, usualmente crea una oleada que se extiende al mercado Spot Forex.

La liquidez del mercado suele ser la más baja de la tarde en Nueva York. Esto resulta en movimientos bruscos en el mercado de futuros que pueden desencadenar la volatilidad en el mercado Spot Forex alrededor de este período.

No hay una forma fácil de saber si el cierre del IMM causará un movimiento en el mercado Spot Forex de Nueva York, así que tienes que ser consciente de esto.

El índice del dólar

El índice del dólar de los Estados Unidos es un contrato de futuros que figura en las bolsas de futuros de la Junta de Comercio de Nueva York (NYBOT) y de la Bolsa de Instrumentos Financieros (FINEX), con sede en Dublín.

El índice del dólar se refiere al valor medio del dólar frente a una cesta de otras seis monedas principales. Sin embargo, tiene una gran ponderación con respecto a las monedas de Europa.

Aquí están los pesos específicos de otras monedas en el índice del USD:

- Franco suizo (3,6%)
- Corona sueca (4,2%)
- Dólar canadiense (9,1%)
- Libra esterlina (11,9%)
- Yen japonés (13,6%)
- Euro (57,6%)

Toma nota que la parte de la cesta correspondiente a la moneda europea (Suiza, Suecia, Reino Unido y la zona del euro) representa el 77,3%.

El dólar es la moneda más poderosa hoy en día y la mayoría en Forex trading involucra al dólar en un lado del currency pair. Los productos básicos mundiales se valoran en dólares y numerosas reservas de divisas mundiales mantenidas por los bancos centrales están en dólares.

No es de extrañar que el dólar sea considerado como la moneda más líquida del mundo.

Como operador diurno, necesitas saber si el dólar es fuerte o débil. El índice del USD te permite hacer esto porque te proporciona una perspectiva más amplia de cómo se desempeña el dólar en el espacio Forex del G10. Como operador de Forex, debes seguir el índice del USD, especialmente sus desarrollos técnicos.

CAPÍTULO 4. CÓMO FUNCIONA EL FOREX TRADING

Uno de los mayores obstáculos mentales a los que se enfrentan los novatos de Forex trading es entender realmente el concepto de que toda operación en el Forex market está compuesto por la compra y la venta.

Por ejemplo, en el Stock market, si compras 200 acciones de Amazon, está claro que ahora posees 200 acciones y esperas que el precio de las mismas aumente. Si deseas salir de esta posición, todo lo que tienes que hacer es vender todas tus acciones o un porcentaje de ellas.

Pero en el caso del Forex trading, necesitamos entender el concepto de intercambio. Si estás buscando que el USD suba, necesitas otra moneda como punto de referencia.

Si el USD es más fuerte frente a otra moneda, también significa que la otra moneda bajará frente al USD. Viendo esto en el lenguaje del Stock market, en realidad estás vendiendo dinero. Recuerda, si vendes stocks, estás comprando dinero.

Currency pairs

En pocas palabras, el Forex market se refiere al comercio de dos divisas diferentes. Los currency pairs tienen abreviaturas o apodos que se refieren al par pero no necesariamente involucran a las monedas individuales.

El USD es la principal moneda contra la cual se comercia en el Forex market. Según el Banco de Pagos Internacionales (BPI), el USD está involucrado en el 87% de todas las transacciones reportadas en el Forex market. Su posición como moneda dominante ha permanecido prácticamente sin oposición durante más de cinco décadas.

El papel central del dólar en el Forex market se basa en varios factores fundamentales:

- Los EE.UU. tienen la mayor economía del mundo
- EE.UU. tiene los mercados financieros más grandes y más líquidos del mundo
- EE.UU. es una superpotencia militar global con un clima político estable

Como resultado, el USD es ahora la principal moneda de reserva internacional y también se utiliza para numerosas transacciones internacionales. Por ejemplo, el petróleo se cotiza en USD. Así que incluso si eres un importador de petróleo chino que compra crudo de Arabia Saudita, necesitas el USD para liquidar la transacción.

Principales currency pairs

El dólar estadounidense participa en todos los principales currency pairs con designaciones expresadas mediante los códigos establecidos por la Organización Internacional de Normalización (ISO) para cada divisa.

En el cuadro que figura a continuación se muestran los currency pairs de uso común con sus nombres convencionales y sus apodos de mercado.

PAÍSES: ISO CURRENCY PAIR

Nombre convencional
Apodo del mercado

Estados Unidos y Japón

USD/JPY

Dólar-Yen

Ninguno

La Eurozona y los Estados Unidos

EUR/USD

Euro-Dólar

Ninguno

Estados Unidos y Nueva Zelanda

NZD/USD

Dólar neozelandés–Dólar estadounidense

Kiwi

Australia y Estados Unidos

AUD/USD

Dólar australiano-Dólar estadounidense

Oz o Aussie

Estados Unidos y Canadá

USD/CAD

Dólar estadounidense-Dólar canadiense

Loonie

Estados Unidos y Suiza

USD/CHF

Dólar-Franco suizo

Swissy

Reino Unido y Estados Unidos

GBP/USD

Libra esterlina-Dólar

Cable o Sterling

Nota: La zona del euro está compuesta por todos los países miembros de la Unión Europea que han adoptado el euro como moneda. Esto incluye a Alemania, Austria, España, Bélgica, Eslovenia, Chipre, Portugal, Estonia, los Países Bajos, Finlandia, Malta, Francia, Luxemburgo, Italia, Irlanda y Grecia.

Algunos principiantes se confunden con los nombres de las divisas y los apodos cuando leen los comentarios del mercado o siguen el mercado en general. Para evitar la confusión, es necesario entender si el analista o escritor de Forex se refiere al currency pair o a la divisa individual.

Por ejemplo, si un analista está discutiendo un estudio que sugiere que se espera que el dólar australiano sea más débil en los próximos meses, la discusión se refiere a la propia divisa (AUD en este caso) esperando que el USD/AUD suba (el USD es el fuerte y el AUD el débil).

Pero cuando el análisis sugiere que se espera que el «Aussie» sea más débil en el futuro inmediato, ahora se refiere al currency pair, lo que indica una previsión de que el USD/AUD irá a la baja (USD débil / AUD fuerte.

. . .

Principales Cross-currency pairs

Mientras que el grueso del Forex trading se realiza con el USD, los cross-currency pairs proporcionan una forma alternativa de operar en el Forex market.

Básicamente, el cross-currency pair se refiere a cualquier par, que no involucra al USD.

Las tasas de los cruces se originan en sus correspondientes pares de USD, pero se cotizan independientemente y normalmente con un margen más bajo en comparación con lo que se puede obtener al operar directamente con USD.

Ten en cuenta que el *spread* se refiere a la diferencia entre la oferta y la demanda o a la tasa a la que se podría negociar. Encontrarás el spread en casi todos los mercados financieros.

Las divisas cruzadas permiten a los traders trasladar directamente las operaciones de destino a determinadas divisas individuales para aprovechar los acontecimientos o noticias importantes.

Por ejemplo, el pronóstico sugiere que el CAD tiene las perspectivas más bajas de todas las divisas principales para seguir adelante, según las proyecciones económicas o las tasas de interés. Tú puedes aprovechar esto vendiendo CAD. ¿Pero a qué par?

Puedes considerar el USD, posiblemente comprando USD/CAD (comprando USD y vendiendo CAD). Sin embargo, crees que las perspectivas del USD no son mucho mejores que las del CAD. Después de observar más de cerca, identificaste una moneda que tiene una perspectiva mucho mejor (como el fortalecimiento de la economía o el aumento de las tasas de interés), digamos el Dólar de Nueva Zelanda (NZD).

En este caso, estamos buscando comprar un cruce de CAD/NZD (comprando CAD y vendiendo NZD) para aprovechar tu proyección de que el NZD tiene el mejor potencial entre las principales monedas y el CAD el peor.

El *cross trading* (comercio cruzado) puede ser particularmente eficaz si se publican importantes fusiones y adquisiciones transfronterizas. Si un conglomerado japonés está comprando una empresa de software australiana, la empresa japonesa necesita vender JPY y comprar AUD para financiar la adquisición.

En el caso de las fusiones y adquisiciones, hay que tener cuidado con la parte en efectivo de la transacción. Si la transacción involucra acciones, entonces no hay necesidad de intercambiar monedas para obtener el efectivo necesario.

Las tres principales divisas no estadounidenses (GBP, JPY y EUR) son actualmente las divisas cruzadas más negociadas. Se conocen como cruces de libras esterlinas, cruces de yenes y cruces de euros respectivamente. El resto de las divisas (NZD, CAD, AUD, y CHF) también se negocian en pares cruzados.

Divisas base y contra divisas

Si estudias los currency pairs, te darás cuenta de que las monedas están combinadas en un orden aparentemente peculiar. Por ejemplo, si el dólar australiano-yen (AUD/JPY) es una cruz de yenes, ¿por qué no se llama «yen-aussie» y se escribe JPY/AUD?

Las normas de cotización evolucionaron a lo largo de los años para seguir a las monedas convencionalmente fuertes en oposición a las tradicionalmente débiles, con la moneda fuerte en primer lugar. También refleja la norma en las cotizaciones del mercado donde la primera divisa del par se llama la divisa base.

La moneda base se refiere a lo que tu está comprando o vendiendo cuando está operando el par. Esto también se llama cantidad nocional o nominal de la operación. Por lo tanto, si compras 50.000 GBP/AUD, acabas de comprar 50.000 libras y has vendido la misma cantidad en dólares australianos. Si vendes 50.000 CAD/GBP, acabas de vender 50.000 dólares canadienses y has comprado la cantidad equivalente en libras esterlinas.

La moneda contraria se refiere a la segunda moneda del par. Como tal, también se conoce como la moneda secundaria. También se refiere a la denominación de las fluctuaciones de precios y en última instancia, lo que se gana y se pierde se denominará en la moneda contraria. Si compras CHF/AUD, aumenta y obtienes una ganancia, tus ganancias no son en francos suizos sino en dólares australianos.

Long, short y flat (Largo, corto y plano)

Al igual que otros mercados financieros, el Forex market también utiliza los mismos nombres para hablar del posicionamiento del mercado. Pero debido al hecho de que el Forex trading implica el Forex trading al mismo tiempo, es necesario ser muy preciso en la definición contextual de estos términos, especialmente si eres un principiante.

Long position (Posición larga)

Long position se refiere a una posición comercial en la que estás comprando una unidad de seguridad. En el Forex market, esto se refiere a la compra de un currency pair. Si tú estás en posición larga, significa que estás buscando tasas para desplazarte más alto, por lo que puedes venderlo a un mejor precio en comparación en cuando compraste el valor.

Si deseas cerrar una posición larga, estás interesado en vender lo que has comprando. Si estás comprando a diferentes niveles de precios, estás sosteniendo largos por lo que tu posición es «cada vez más larga».

Short position (Posición corta)

Short position se refiere a la venta de unidades que nunca tuvo en primer lugar. En stocks, la posición corta de una stock se refiere a tomar prestada la stock para que puedas revender las unidades (menos los honorarios del broker).

En el Forex market, esto se refiere al comercio real de dos divisas, lo que significa que estás vendiendo la «base» y comprando la «contra». Por lo tanto, el intercambio sigue presente, pero sólo en orden inverso y en referencia a los términos de cotización de los currency pairs.

Una vez que has vendido un currency pair, ahora se llama estar «corto», lo que significa que ahora estás buscando tasas más bajas para que puedas comprarlo de nuevo y luego obtener beneficios de la diferencia.

Cuando vendes a diferentes niveles de precio, vas por los «shorts» y por lo tanto tu posición se está volviendo «más corta». En otros mercados financieros, las ventas en corto están limitadas por ciertas restricciones y normalmente se consideran demasiado arriesgadas para muchos traders. Pero en el Forex trading, estar corto es tan común como estar largo.

«Vender alto y comprar bajo» es un mantra común en los mercados financieros. Pero ten en cuenta que los precios de los currency pairs no son absolutos porque sólo indican los valores relativos entre las dos monedas.

Debido al hecho de que las divisas pueden aumentar o disminuir su importancia mutua en las tendencias a largo y mediano plazo y a las actividades de mercado a corto plazo, los currency pairs pueden bajar o subir fácilmente.

A fin de aprovechar esta actividad, los traders de Forex suelen ir a la baja para aprovechar la disminución de los tipos de cambio. Los agentes de otros mercados financieros pueden considerar arriesgado vender en corto. Sin embargo, esto es sólo algo que necesitas adoptar.

Flat position **(Posición plana)**

Cuando estás en una *Flat position*, significa que no tienes posición en el mercado. También se llama posición cuadrada. Si actualmente estás en corto, necesitas comprar divisas para poder «cuadrar». Cuando estás largo, entonces necesitas vender divisas para poder ir «plano».

Una posición cuadrada generalmente no conlleva ningún riesgo financiero o exposición.

NOTA: La única vez que no tienes riesgo financiero o exposición es cuando estás cuadrado.

Ganancias y pérdidas

Los traders experimentados de cualquier mercado financiero están entrenados en el análisis de los informes de *Profit and Loss* (pérdidas y ganancias) para determinar si están ganando o perdiendo la operación. Ten en cuenta que estos mercados financieros no son teóricos ni académicos. Puedes ganar o perder mucho dinero en cuestión de minutos. Si quieres comerciar activamente con divisas, tienes que dominar realmente el Profit and loss.

Entender el mecanismo detrás de las ganancias y pérdidas es crucial, especialmente si estás interesado en el trading de marketing online. En este caso, tus ganancias y pérdidas afectarán directamente el nivel de margen que necesitas recuperar.

Los leves movimientos en tu cuenta de margen te ayudarán a calcular cuánto puedes comprar y vender, y también la duración de la operación si las tasas no se ven bien para tu posición actual.

Liquidaciones y saldos de margen

Una de las principales ventajas del Forex trading es que puedes utilizar el apalancamiento, el cual te permitirá obtener una mayor exposición a un mercado mientras que sólo utilizas un pequeño porcentaje de tu capital.

El margen se refiere al capital inicial que debes colocar en tu cuenta de trading para poder comenzar a operar. Este margen se convertirá ahora en tu saldo inicial. Se convierte en la base sobre la que todas tus operaciones se utilizarán como garantía. Es similar a la garantía que un banco te pedirá antes de aprobar un préstamo.

No es similar al Stock trading basado en márgenes o al mercado de futuros, los brokers de Forex en línea, no suelen emitir solicitudes de mayor apalancamiento para que puedas mantener más posiciones abiertas. Como alternativa, establecen ratios de margen para las posiciones abiertas, que deben mantenerse regularmente.

Si el saldo de margen de tu cuenta cae por debajo de la proporción necesaria, incluso durante unos pocos momentos, tu broker puede cerrar tus posiciones sin previo aviso.

Esto suele suceder si tu cuenta se encuentra actualmente en una posición perdedora. Cuando tu broker liquida tus posiciones, lo más probable es que estés atado y el tamaño de tu saldo de margen se pueda reducir.

Asegúrate de que estás totalmente consciente de los requisitos de tu broker para el apalancamiento y las políticas para la liquidación. Los requisitos pueden variar dependiendo del tamaño de tu cuenta.

Algunos brokers pueden liquidar tu cuenta de operaciones cuando te encuentras por debajo de los límites de margen. Otros, por otro lado, pueden cerrar tus operaciones con mayores pérdidas hasta que tú puedas volver a cumplir con la proporción recomendada. Por favor, revisa los términos y condiciones relevantes para el apalancamiento y la liquidación antes de inscribirte.

Cómputos de mercado a mercado

Muchos brokers en línea te proporcionarán cálculos reales de mercado a mercado, que mostrarán el saldo de margen de tu cuenta. Este cálculo mostrará tus ganancias y pérdidas (no realizadas) de acuerdo con el momento exacto en que puedas cerrar tus posiciones en la operación.

Dependiendo de la plataforma de operaciones utilizada por tu broker, si estás en posición larga, el cálculo utilizará como base el momento exacto en el que puedes vender. Si tu posición es corta, la tasa se basará en el momento exacto en que puedas comprar.

Por otro lado, el saldo de margen se refiere al monto total que has depositado inicialmente, así como tus Profit and loss (o P&L), tanto las realizadas como las no realizadas.

Una vez que te quedes sin dinero (cierra todas las posiciones abiertas al máximo), todas tus ganancias se desviarán a tu saldo de margen. Si cierras parcialmente algunas de tus posiciones, sólo se obtendrá el porcentaje correspondiente de tus ganancias y se desviará a tus márgenes.

Las pérdidas y ganancias no realizadas seguirán fluctuando en función de las posiciones abiertas restantes y también lo hará tu saldo de margen total. Si tienes una posición ganadora abierta, tendrá un P&L no realizada positiva y tu broker puede aumentar tu saldo de margen.

Cuando el mercado se mueve en contra de las posiciones, las pérdidas y ganancias no realizadas serán negativas y tu broker puede reducir el tamaño de tu balance de margen. Ten en cuenta que los precios en el Forex market siempre están cambiando, por lo que tu saldo de margen total y las ganancias y pérdidas no realizadas de mercado a mercado también cambiarán.

Uso de *pips* para calcular las pérdidas y ganancias

Los cálculos para P&L son bastante directos matemáticamente. Los analistas de Forex sólo usan los *pips* que has perdido o ganado y el tamaño de tu posición como base.

El *pip* se refiere al incremento básico de los cambios de precio en las tasas prevalecientes de una moneda. Los pips también se denominan puntos, por lo que puedes encontrar estos términos utilizados indistintamente.

No es seguro de dónde viene la palabra pip. Algunos dicen que es una abreviatura de porcentaje en punto, pero también puede referirse a la respuesta FX a los *bips* o a los traders de bonos que se refieren a los *bps* o a los puntos básicos.

Incluso el convencionalmente fuerte pip se actualiza a medida que el comercio electrónico continúa desarrollándose. Es cierto que un pip es el menor incremento de las fluctuaciones en las tasas de precios de las divisas.

Sin embargo, debes tener en cuenta que el Forex trading en línea está progresando rápidamente para utilizar decimales en pips, en los que puede operar 1/10 pips. Además, los precios de medio pip han sido la norma en currency pairs específicos en el mercado interbancario durante varios años. Pero como principiante, es ideal que te quedes con los pips por ahora.

Ahora, echemos un vistazo a varios currency pairs para que te hagas una idea de lo que es un pip. Muchos currency pairs se cotizan en cinco dígitos. La posición de los puntos decimales depende de si es un currency pair de yenes, si lo es, hay dos dígitos después del punto decimal.

Para el resto de los currency pairs, hay 4 dígitos después del punto decimal. En todos los casos, el punto se refleja en el último dígito. A continuación se muestran algunos de los principales currency pairs y cruces. Ten en cuenta que los dígitos subrayados son los pips.

- USD/JPY: 101.43
- USD/CHF: 0.9074
- EUR/USD: 1.3535
- EUR/JPY: 138.01
- GBP/USD: 1.6142

Echa un vistazo a GBP/USD. En este caso, si la tasa aumenta de 1,6142 a 1,16162, ha aumentado en 20 unidades. Cuando la tasa se mueve de 1.6142 a 1.6122, acaba de bajar 20 pips. Los pips ofrecen una forma fácil de calcular el P&L. Para convertir el movimiento del pip en un cálculo de P&L, todo lo que tienes que hacer es determinar el tamaño de la posición.

Para una posición de 100.000 (GBP/USD) el movimiento de 20 pips equivale a 200 dólares. Si las cantidades son negativas o positivas dependerá de si estás corto o largo en cada movimiento.

Puede que te tome tiempo estudiar realmente el cálculo de los pips de P&L, pero esto no debe ser una preocupación, ya que la mayoría de las plataformas de trading en línea calcularán los P&L por ti al instante, tanto los realizados cuando la operación está cerrada como los no realizados si la operación está abierta.

Sin embargo, el cálculo de las pérdidas y ganancias es crucial para que puedas gestionar eficazmente el riesgo y estructurar la operación. Esto te ayudará a entender las implicaciones de P&L de una estrategia comercial que estés considerando para que puedas mantener tu saldo de margen y obtener el control de tu operación.

Comprender realmente tu P&L puede ayudarte a evitar errores costosos como colocar una operación demasiado alta o colocar órdenes de stop loss más allá de su precio cuando tu cuenta cae por debajo del margen necesario. Necesitas al menos calcular el punto de precio en la que tu posición será liquidada una vez que tu saldo de margen caiga por debajo del ratio recomendado.

Tasas de interés y *rollovers*

Una norma del mercado que es peculiar de Forex es el *rollover,* que se refiere a una transacción en la que una posición abierta desde la fecha de liquidación se renueva en la siguiente fecha de valor.

Los *rollovers* significan la intersección de los mercados interestatales y el Forex market. Después de todo, las divisas representan el valor monetario.

Los tipos de rollover se basan en la diferencia de los tipos de interés de los dos currency pairs que se están negociando. Esto se debe a que lo que en realidad estás negociando es dinero en efectivo.

Sí, la divisa es el dinero en efectivo. Cuando vas en largo, es similar a depositar dinero en efectivo en un banco. Cuando vas a corto plazo, es como si estuvieras pidiendo prestado dinero a un banco. Al igual que esperarías ganar intereses de tus depósitos bancarios o pagar los intereses de un préstamo, también deberías esperar un aumento en la posición de la divisa sobre los cambios de valor.

La salvedad en el Forex trading es que si llevas una posición abierta de la fecha de valor a la siguiente, la transacción involucra a dos bancos. Una cuenta tiene un saldo positivo (largo) y la otra cuenta tiene un saldo negativo (corto).

Pero como tus cuentas están en dos monedas diferentes, se aplicarán los dos tipos de interés del país que utiliza la moneda. El diferencial de los tipos de interés se refiere a la diferencia entre los tipos de interés de los dos países. Cuanto mayor sea el diferencial, mayor será el efecto de las renovaciones. Cuanto menor sea el diferencial, menor será el efecto de las prórrogas. Lo ideal es buscar los tipos de interés de referencia o de base para cada país.

Los principales sitios web de los mercados financieros pueden proporcionarte los niveles relevantes de los tipos de interés. Estos incluyen a www.fxstreet.com o www.marketwatch.com.

Ten en cuenta que las tasas de rollover tienen un impacto más significativo en ti, dependiendo del tamaño de tu posición. Tienen un mayor impacto en alguien que comercia en millones comparado con alguien que sólo opera en miles.

Pero independientemente del tamaño, es ideal para entender cómo un rollover puede afectar tu operación. Por lo tanto, es importante que sepas cómo las tasas de interés pueden afectar las tasas de las divisas. Después de todo, los tipos de interés se expresan en porcentajes y los tipos de las divisas en decimales.

Ten en cuenta que las tasas de depósito pueden producir rendimientos reales en efectivo que se compensan, y producen un rendimiento neto en efectivo. Este rendimiento neto en efectivo es entonces el dividendo por la posición de tamaño que proporciona los pips de la moneda o la tasa de renovación.

Fecha de valoración y acuerdos comerciales

Al hablar de Forex trading, nos referimos implícitamente al comercio en el mercado Spot Forex, en el que los valores se entregan inmediatamente. En el mundo real, inmediato significa varios días hábiles. Esto permite a los bancos y a las organizaciones financieras tener tiempo para liquidar una operación.

En el Forex trading, *spot* se refiere a la liquidación de la operación en dos días hábiles, lo que también se conoce como la fecha valor. El tiempo es necesario para permitir la tramitación de la operación a través de diferentes zonas horarias y para que los pagos de divisas se completen en todo el mundo.

Recuerda, el Forex market funciona las 24 horas del día, desde las 5:00 p.m. hora del este hasta las 5:00 p.m. del día siguiente. Así que si hoy es martes, las divisas al contado se comercian por su valor el jueves, asumiendo que no haya días festivos entre ellos.

El martes a las 5:00 p.m. ET, la fecha de operación se convierte en miércoles y la fecha de valor se cambia a viernes. Si tienes una posición abierta el martes a las 5 p.m., hora del este, al cierre, tu posición se cambiará a la siguiente fecha de valor, en este caso de jueves a viernes o a un rollover de un día.

Si completó la posición al día siguiente (miércoles) y completó la casilla de la fecha de negociación, no hay rollovers porque no tiene una posición. Lo mismo ocurre si no puedes llevar una posición hasta el cierre diario a las 5:00 p.m. hora del este. En las fechas de operación de los jueves, las divisas spot suelen operarse para la fecha de valor de los lunes. El miércoles a las 5:00 pm hora del este, la fecha de valor cambia de lunes a martes o se conoce como *weekend rollover*.

En este cálculo de rollover, será uno de cinco días (jueves, viernes, sábado, domingo y lunes). Por lo tanto, el costo de la transferencia será cinco veces el costo diario habitual. La única excepción a la convención de dos días en el Forex trading es el USD/CAD porque los principales centros financieros de Canadá y Estados Unidos comparten la misma zona horaria. Por lo tanto, las transferencias y comunicaciones pueden ser fácilmente procesadas.

Sólo tomará un día hábil para liquidar las operaciones de USD/CAD. El weekend rollover para el USD/CAD ocurre el jueves después del cierre de las 5:00 pm hora del este, cuando la fecha de valor se mueve de viernes a lunes. Esto sólo se aplica al USD/CAD y no a otros pares que involucran al CAD, como el EUR/CAD o el CAD/JPY.

Fechas de valor y feriados del mercado

Ten presente que las fechas de valor se basan en currency pairs individuales para tener en cuenta los días festivos bancarios de los países involucrados. Las prórrogas pueden ser más largas cuando hay un día festivo bancario en uno de los países cuya moneda forma parte del comercio.

Por ejemplo, si es miércoles y está operando en CHF/USD, la fecha de valor típica sería el viernes. Sin embargo, si hay un día festivo en Suiza, los bancos suizos no están abiertos para liquidar el comercio.

Por lo tanto, la fecha de valor se ajusta al siguiente día festivo bancario que es común a Suiza y a los Estados Unidos, generalmente el lunes siguiente. En este caso, el weekend rollover tendrá lugar al cierre de la operación el martes a las 5:00 p.m. hora del este, cuando la fecha de valor se cambiaría del jueves al lunes (saltándose el día festivo del viernes). Este es un rollover de 4 días.

¿Qué pasará en el cambio de fecha de valor a las 5:00 p.m. hora del este (miércoles)? No habrá ningún cambio. Dado que la fecha de valor de las operaciones realizadas el miércoles ya es el lunes, no es necesario realizar ningún rollover porque las operaciones liquidadas el jueves también se liquidan el lunes. Esto se conoce como una fecha de valor doble, lo que significa dos fechas de operaciones (miércoles y jueves) y se liquidan en la misma fecha de valor (lunes).

Varias veces al año (típicamente alrededor de Navidad, Año Nuevo o Vacaciones de Primavera en Japón) cuando varios días festivos bancarios en diferentes países se cruzan a lo largo de varios días, el período de renovación puede ser tan largo como 7 u 8 días. Por lo tanto, puedes ganar o pagar siete u ocho veces la tasa de transferencia en un solo día, pero no puedes afrontar ninguna tasa de transferencia para el resto del período de festividades.

Transacciones rollover

Los rollovers son típicamente realizados por los brokers de Forex si mantienes una posición abierta que ya ha pasado la fecha de valoración. Las prórrogas se aplican a la posición abierta mediante dos operaciones de compensación, que dan como resultado la misma posición abierta. Algunos brokers de Forex en línea aplican las tasas de rollover cambiando la tasa necesaria para la posición abierta.

Mientras tanto, otros brokers de divisas aplican el crédito o el débito del rollover directamente al saldo del margen. Estos son los puntos importantes que debes recordar sobre los rollovers:

- Los brokers o brokers de divisas aplicarán rollovers a las posiciones que estén abiertas después de las 5 p.m. hora del Este.
- Tu broker no aplicará rollovers si no tiene una posición sobre el cambio de la fecha de valor. Por lo tanto, si estás cuadrado al cierre de cada sesión de operaciones, entonces no necesitas preocuparse por los rollovers.
- Los rollovers representan el costo de mantener una posición abierta o el retorno de la tasa de interés.
- Los rollovers representan la diferencia de los tipos de interés

entre los currency pairs en una posición abierta. Sin embargo, se aplican en términos de tipos de cambio.

- Los rollovers se componen de los intereses netos que has pagado o has ganado, dependiendo del movimiento de tu posición.
- Puedes ganar dinero a través de rollovers si te quedas corto en una moneda con la tasa de interés más baja y vas largo en una moneda con una tasa de interés más alta.
- Perderás dinero si añades una moneda con los tipos de interés más bajos y añades una moneda con los tipos de interés más altos.
- Algunos brokers de Forex aplican spreads a las renovaciones que pueden deducir cualquier interés ganado por tu posición.
- Los créditos/costos de un rollover se basan en el tamaño de tu posición, cuanto más grande es la posición, mayor es la ganancia o el costo para ti.
- Debes considerar las reinversiones como un gasto comercial y no debe ser considerado como un catalizador en tus decisiones comerciales.

Si va a operar una cuenta relativamente grande con un broker de Forex en línea (alrededor de 25.000 dólares), es posible negociar un margen de rollover más ajustado. Esto te permitirá capturar más de las ganancias si está en la posición correcta o si puedes reducir el costo.

Precios de las divisas 101

Cuando estás operando en el Forex market, estás intercambiando un currency pair. Y cuando compras algo, debes tener siempre en cuenta el precio. Así que en esta sección, veremos cómo los brokers de Forex en línea muestran los precios de las divisas para que puedas ejecutar una operación correctamente.

Los diferentes brokers utilizan diferentes formatos para presentar los precios de las divisas en sus plataformas. Una imagen completa de lo que significan los precios de las divisas te permitirá navegar por las distintas plataformas utilizadas por los brokers de Forex y también te ayudará a identificar las características importantes que pueden ayudarte en el negocio.

Ofertas y demandas

Siempre que utilices un terminal de Forex trading, normalmente verás dos precios para cada currency pair.

El número de la izquierda se refiere a la oferta y el número de la derecha se refiere a la demanda. Algunos brokers presentan los números de arriba (oferta) y de abajo (demanda). Una manera fácil de decir la diferencia entre los números es que el precio de la oferta es siempre más bajo comparado con la demanda.

Las cotizaciones de los precios de las divisas tienen dos partes: el precio de oferta y el precio grande. Este último se refiere a los 3 primeros números de la cotización de la moneda entera y se muestra normalmente en una fuente descolorida o en una fuente más pequeña.

Por otro lado, el precio de la oferta se refiere a los dos últimos dígitos del currency pair y suele mostrarse en una fuente más brillante o una fuente más grande.

Spread

Esto se refiere a la diferencia entre los precios de oferta y demanda. Muchos brokers de divisas en línea utilizan el spread como base de sus plataformas, especialmente para los traders de divisas al por menor.

Básicamente, el spread sirve como los cargos o la comisión que tus brokers te cobrarán por facilitar el comercio. Si bien algunos brokers promueven su servicio como "sin comisión", es probable que sigan ganando con el spread.

El spread también se considera la remuneración que reciben los brokers de divisas por ser un actor importante en el mercado. Varía de un broker a otro y también dependerá del currency pair que esté operando.

El spread es generalmente más bajo si el currency pair es más líquido. Un spread más grande podría resultar en un currency pair menos líquido. Esto es particularmente cierto en el caso de las divisas cruzadas.

Ejecución comercial

En el trading en tiempo real, puedes acceder a las plataformas de mercado para comerciar con currency pairs a precios actuales. Recuerda que debes tener un plan de trading sólido antes de ejecutar una operación, porque una vez que hagas una operación en tiempo real, ya estará liquidada.

¿Qué pasa si cambias de opinión repentinamente durante una operación en directo? Tienes que ejecutar otra operación para poder corregir el error. Esto suele ser costoso, ya que cambiar de opinión en el mercado te costará dinero.

Hay diferentes maneras de entrar en el Forex market, y todo esto dependerá de la configuración de tu broker preferido. La mayoría de los brokers tienen funciones de transmisión en directo que te permitirán ver rápidamente los precios y entrar en el negocio con sólo unos pocos clics.

Muchos brokers en línea ahora también tienen sus propias aplicaciones móviles que tú puedes usar fácilmente para operar rápidamente en el Forex market. Hace tan sólo unos años, los traders del día tenían que utilizar dispositivos que debían ser conectados a un ordenador de sobremesa o a un terminal especializado.

Con la introducción de las aplicaciones en el Forex trading, los traders minoristas pueden ahora participar en el mercado usando sus teléfonos en cualquier momento y en cualquier lugar. Hoy en día, puedes operar mientras ves a tu hijo jugar al baloncesto o esperas tu pedido en un restaurante.

Pero el trading por teléfono móvil también tiene sus desventajas. Por ejemplo, si tu teléfono inteligente tiene una conexión a Internet poco fiable o si la batería está baja, entonces existe el riesgo de desconectarse cuando se está ejecutando una operación.

A continuación se ofrecen consejos útiles para operar con el teléfono móvil:

- Antes de ejecutar una operación, asegúrate de que tu batería es suficiente para mantener la operación en línea.
- Evita operar si te encuentras en un lugar con mala recepción móvil. Puedes perder dinero si no puedes controlar tu operación.
- Maximiza tu conexión a Internet cerrando otras aplicaciones mientras estás operando.

Órdenes

Las órdenes son generalmente utilizadas por los day traders para aprovechar los movimientos rentables del mercado, incluso si no son capaces de ejecutar una operación personalmente. Recuerda, el Forex market nunca cierra, por lo que un movimiento considerable puede ocurrir mientras estás durmiendo.

Muchos traders de Forex tienen otras ocupaciones que también requieren atención. Para responder al mercado sin estar allí, puedes utilizar órdenes. Los traders de Day trading utilizan las órdenes para:

- Proteger los beneficios y minimizar las pérdidas.
- Captar las fuertes fluctuaciones de los precios.
- Minimizar el riesgo en ventanas altamente volátiles.
- Ejecutar automáticamente una operación desde la entrada hasta la salida.

- Salvaguardar el capital comercial de las pérdidas significativas.

El Forex market puede ser extremadamente volátil y generalmente difícil de predecir. Con las órdenes, se pueden capitalizar los movimientos del mercado a corto plazo y también se puede poner un límite a cualquier efecto adverso de los movimientos de los precios.

El uso efectivo de las órdenes también puede ayudarte a cuantificar el riesgo que estás tomando. Una estrategia sólida de Forex trading siempre debe incluir una estrategia sólida para el uso de las órdenes.

Tipos de órdenes

Ten en cuenta que no todos los tipos de órdenes están disponibles para los day traders. Así que siempre debes preguntar a tu broker sobre las órdenes que puedes utilizar antes de registrarte en cualquier cuenta.

1. **Órdenes de *stop loss***

Los traders de Forex utilizan este tipo de orden para limitar las posibles pérdidas cuando el mercado se mueve en contra de tu posición actual. Sin una orden de stop loss, estás exponiendo tu operación a un alto riesgo.

Si estás en una posición corta, entonces la orden de stop loss es para comprar a un precio más alto en comparación con la tasa prevaleciente en el mercado.

Si estás en una posición larga, entonces la orden de stop loss es para vender a un precio más bajo comparado con la tasa prevaleciente en el mercado.

1. **Órdenes de *trailing stop loss***

Los experimentados day traders de Forex saben cómo dejar rápidamente de perder posiciones y permitir que sus operaciones ganadoras se incrementen tanto como puedan.

Puedes imitar esta estrategia a través de una orden de trailing stop loss. Cuando tienes una operación ganadora, puedes esperar a que el siguiente mercado siga una inversión y te saque en lugar de elegir la salida correcta. Una orden de trailing stop loss te permitirá trabajar en un número fijo de pips de tu tasa de entrada.

NOTA: No todos los brokers pueden proporcionarle una orden de trailing stop loss. Si la plataforma que has elegido no tiene esta característica, puedes copiar el trailing stop pero tienes que hacerlo manualmente cambiando la tasa de tu orden habitual de stop loss. Pero esto sigue arrastrándose, sobre todo si tú no eres un operador de Day trading a tiempo completo.

1. **Órdenes de *take profit***

Este tipo de orden es utilizada por los traders de Forex para cerrar automáticamente una operación si la posición alcanza un nivel específico predeterminado.

Por ejemplo, si compra un currency pair CAD/USD a 1,1780 y añade una orden de toma de beneficios a 1,800, la operación se cerrará y el beneficio se protegerá si el currency pair alcanza el nivel de 1,800.

Esta orden es automática, por lo que no necesitas seguir constantemente el mercado para saber el mejor momento para salir.

Si se establece una orden de take profit, también hay que establecer una orden de stop loss. Este movimiento es bastante similar a una orden de take profit pero esta está diseñada para minimizar tus posibles pérdidas cuando el mercado no sigue una tendencia lucrativa.

La orden de take profit es una herramienta importante para los traders minoristas porque protege tus ganancias cuando hay un cambio brusco en el mercado. Recuerda, el Forex market es altamente volátil y las operaciones pueden cambiar fácilmente de ganar dinero a perderlo en cuestión de minutos.

Este orden suele ser utilizado por los traders que utilizan métricas fundamentales como el promedio del rango verdadero que puede ayudar a determinar la mejor manera de entrar o salir de los puntos.

Ten en cuenta también que las órdenes de take profit se establecen comúnmente en base a tu plan de trading. Esta orden puede abrirse corta o larga, dependiendo de tu posición.

Lo ideal es que establezcas esta orden a un nivel más alto si tu plan de trading se basa en un movimiento significativo en el mercado. Por otra parte, deberías colocar una orden de take profit más cercana si tu estrategia fundamental es proteger tu beneficio antes de cualquier giro del mercado.

Suele ser una falsa suposición que tomar beneficios a corto plazo te permitirá mantener un capital positivo y vencer al mercado. Esto rara vez sucede. Algunos traders toman niveles de beneficios demasiado cercanos al precio de apertura, lo que generalmente conduce a pérdidas.

Como operador principiante, es esencial que comprendas los principios básicos de la gestión financiera para asegurarte de que realmente ganarás el juego.

Para saber dónde colocar tu orden de take profit, los niveles de resistencia y soporte también son cruciales. Cuándo sacar beneficios y la dirección del mercado pueden ayudarte a determinar los mínimos y máximos del mercado. Un punto de vista fundamental en este caso es tomar beneficios antes de los movimientos de precios de alto impacto.

Recuerda que debes centrarte en los principales niveles de precios y simplemente ignorar las líneas horizontales en un gráfico de Forex.

Órdenes de límite

Algunos traders principiantes de Forex se confunden con las órdenes de take profit y de límite. Esto no es una sorpresa porque una orden de take profit es en realidad una forma de orden límite.

La principal diferencia es que las órdenes de take profit minimizan o cierran las posiciones abiertas. Mientras tanto, las órdenes de límite abren nuevas posiciones o se suman a las posiciones prevalecientes en la misma línea de movimiento.

Toma nota que la orden de límite se refiere a cualquier orden que active una operación favorable en comparación con el precio de mercado vigente. En este punto, siempre debes recordar el mantra clásico en el trading: comprar bajo y vender alto.

Si tú colocas una orden de límite para comprar, entonces la ejecución de la operación se introduce a un precio inferior al precio de mercado actual. Si tú colocas una orden de límite para vender, entonces la ejecución de la operación se introduce a un precio que es mejor que el precio de mercado actual.

1. **Orden OCO**

OCO es un tipo especial de orden de stop loss, que normalmente se añade con una orden de take profit. Sirve como una orden de protección de reserva para posiciones abiertas.

En esta orden, tu posición en Forex permanecerá abierta hasta que uno de tus niveles de orden existentes sea activado por el mercado. El efecto es cerrar la posición. Si tu posición alcanza un nivel de orden y se activa, la otra orden será cancelada rápidamente.

1. **Órdenes contingentes**

También puedes elegir combinar varias formas de órdenes para construir una estrategia sólida para tu comercio. Puedes utilizar órdenes contingentes para colocar en tu operación, incluso si no puedes conectarse en línea. Esto normalmente proporciona tranquilidad a los traders sabiendo que tu orden contingente tiene todas las bases cubiertas y que tienes claros los riesgos.

Las órdenes contingentes también se conocen como órdenes *If-then* porque requieren que la orden IF se cumpla primero antes de que se active la segunda parte.

CAPÍTULO 5. TEORÍAS Y MODELOS DE FOREX

Las principales teorías económicas que se encuentran en el Forex market se refieren más bien a los ajustes de paridad. Básicamente, la paridad se refiere a la justificación económica del precio al que deben negociarse los currency pairs de acuerdo con factores importantes como los tipos de interés y la inflación. De acuerdo con estas teorías económicas, si el ajuste de paridad no puede sostenerse, existe una oportunidad de arbitraje para los actores del mercado.

Pero las oportunidades de arbitraje, como en otros mercados, a menudo se descubren y se descartan inmediatamente antes de proporcionar al inversor individual la oportunidad de capitalización. Otras teorías del Forex market se basan en factores económicos como las corrientes de capital, el comercio y la forma en que el país lleva a cabo sus operaciones monetarias.

Modelo de mercado de activos

En el modelo de mercado de activos, hay que examinar el flujo de dinero que entra en un país desde fuentes extranjeras para comprar activos como bonos, acciones y otros activos financieros.

Si ves que el país está experimentando un gran aumento de las inversiones extranjeras, el precio de su moneda aumentará ya que la moneda nacional tiene que ser comprada por estas inversiones extranjeras. En este modelo también se considera la cuenta de capital del saldo en comparación con la cuenta actual.

Este modelo es popular entre los inversores de divisas, ya que las cuentas de capital de los países están empezando a superar significativamente la cuenta corriente, a medida que aumenta el flujo de dinero extranjero.

Teoría de la balanza de pagos

Hay dos divisiones en la balanza de pagos de un país: la cuenta de capital y la cuenta corriente. Estas dos miden las salidas y entradas de bienes y capital de un país.

En la teoría de la balanza de pagos, hay que mirar la cuenta corriente que se ocupa del comercio de bienes tangibles para poder obtener una dirección general del tipo de cambio.

Un indicador de que el tipo de cambio de un país no está en equilibrio es si tiene un gran déficit y superávit en cuenta corriente. Para ajustarse a esta condición, el tipo de cambio debe corregirse gradualmente.

Observa si el país tiene más déficit (mayores importaciones frente a exportaciones) ya que es más probable que la moneda se deprecie. Mientras tanto, un superávit (mayor exportación frente a importación) llevará a la apreciación de la moneda del país.

Se puede determinar la balanza de pagos de un país utilizando la fórmula siguiente:

BCA + BKA + BRA =

BCA se refiere al saldo actual de la cuenta

La BKA se refiere al saldo de la cuenta de capital

El BRA se refiere al saldo de la cuenta de reservas

Datos económicos

Las teorías económicas podrían afectar el movimiento de las monedas a largo plazo. Cuando se trata de transacciones diarias o semanales, los traders de Forex se centran más en los datos económicos.

A menudo se considera que los países son las empresas más grandes del mundo y que la moneda de retención es básicamente obtener una parte de ese país. Los datos económicos como las cifras actuales del Producto Interno Bruto (PIB) suelen considerarse similares a los últimos datos de ganancias de una empresa.

De la misma manera que los acontecimientos actuales y las noticias financieras pueden influir en el precio de las acciones de una empresa, las noticias relacionadas con un país también pueden tener un efecto significativo en el movimiento de la moneda de ese país.

Cambios significativos en la condición política, el PIB, la confianza del consumidor, la tasa de desempleo, la inflación y los tipos de interés podrían dar lugar a pérdidas o ganancias sustanciales según la naturaleza de las noticias y la situación actual del país.

El volumen de noticias económicas que podría tener que vigilar todos los días en todo el mundo podría ser abrumador. Sin embargo, a medida que avances en el Forex market, verás con claridad qué noticias podrían tener mayor influencia. A continuación se presentan varios factores económicos que básicamente se consideran de mayor influencia en el Forex market.

Ventas al por menor

Los datos sobre las ventas al por menor miden el volumen de ventas que los minoristas han obtenido durante el período. Esto refleja básicamente el gasto en el país. Los datos no cubren todas las tiendas, sino que sólo monitorea una canasta de tiendas de diferentes tipos para tener una idea de cómo está gastando la gente.

Estos datos te proporcionarán un concepto general de la estabilidad económica del país. En general, un gasto fuerte indica una economía fuerte. En los Estados Unidos, los datos de ventas al por menor son publicados por el Departamento de Comercio una vez al año.

Datos sobre el empleo

Otro indicador económico que debes tener en cuenta al entrar en el Forex market son los datos sobre el empleo o el número de personas que trabajan actualmente en el país.

En los Estados Unidos, estos datos se llaman nóminas no agrícolas y son publicados por la Oficina de Estadísticas Laborales cada primer viernes del mes. En la mayoría de los casos, el fuerte aumento del empleo muestra que un país está experimentando una economía fuerte.

Si un país determinado está atravesando problemas importantes en la economía, los datos de empleo sólidos podrían afectar al precio de la moneda, porque es un indicador de que la economía se está recuperando.

Mientras tanto, un alto nivel de empleo podría resultar en inflación, por lo que este indicador podría afectar el precio de la moneda. En pocas palabras, el movimiento de la moneda y los datos económicos normalmente dependerá de las circunstancias que prevalezcan si se publican los datos.

Producto Interno Bruto (PIB)

El PIB de un país se utiliza como medida de todos los bienes y servicios completados que un país ha producido durante un período de tiempo determinado. El cálculo del PIB se divide en cuatro divisiones: exportaciones netas totales, gasto empresarial, gasto gubernamental y consumo privado.

Los economistas consideran que el PIB es la mejor medida de la salud económica de un país y que los aumentos del PIB indican crecimiento económico. Como ya sabes, una economía saludable atrae más inversiones extranjeras.

Esto normalmente conduce a aumentos en el valor de la moneda, a medida que el dinero se mueve en el país. En los Estados Unidos, esta información es publicada por la Oficina de Análisis Económico.

Bienes duraderos

Los bienes duraderos se refieren a aquellos que pueden durar más de tres años como los automóviles, aparatos y electrodomésticos. Los datos de los bienes duraderos se utilizan para medir el volumen de los bienes manufacturados que se producen y envían durante un período de tiempo determinado.

Estos datos te darán una idea general del monto de los gastos individuales en estos bienes, además de la información sobre la salud de un sector específico. En los Estados Unidos, estos datos son publicados por el Departamento de Comercio.

Flujos de capital y comercio

Las transacciones entre países generan grandes corrientes de efectivo, lo que podría tener un efecto importante en el valor de la moneda. Recuerda que un país que importa más que sus exportaciones puede experimentar una depreciación de su moneda debido a su necesidad de ofertar su propio dinero para comprar la moneda de la nación exportadora. Además, mayores inversiones en un país podrían llevar a un aumento significativo del valor de la moneda.

En los datos sobre las corrientes comerciales se examina más de cerca la diferencia entre las exportaciones y las importaciones de un país. Hay un déficit comercial si las importaciones son mayores que las exportaciones.

En los Estados Unidos, el Departamento de Comercio publica los datos del flujo comercial cada mes. Esto muestra el volumen de bienes y servicios que el país ha importado y exportado durante el mes anterior.

Mientras tanto, los datos sobre el flujo de capital se centran en la fina distinción en el volumen de moneda que está subiendo a través de las exportaciones o inversiones a la moneda que se está ofreciendo para las importaciones o inversiones extranjeras.

En general, habrá un superávit de flujo de capital si un país está disfrutando de un alto volumen de inversiones extranjeras en el que los inversores extranjeros están comprando activos nacionales como bienes inmuebles y acciones.

El total combinado del comercio y el flujo de capital de un país se conocen como datos de la balanza de pagos. Se divide en tres categorías: cuenta financiera, cuenta de capital y cuenta corriente.

La cuenta financiera se centra en el flujo de efectivo entre países principalmente para inversiones. La cuenta de capital se centra en el intercambio de efectivo entre países con el fin de comprar bienes de capital. La cuenta corriente se centra en la corriente de bienes y servicios entre países.

Eventos macroeconómicos y geopolíticos

Las fluctuaciones más extremas del Forex market, suelen estar influenciadas por acontecimientos geopolíticos y macroeconómicos como las crisis financieras, los cambios en la política monetaria, las elecciones y las guerras. Todos ellos pueden cambiar o remodelar la condición económica del país, lo que incluye sus fundamentos de mercado.

Por ejemplo, un estancamiento de las elecciones en un país puede suponer una gran tensión para la economía de un país y puede afectar a la volatilidad de la región y por tanto, afectar al valor de la moneda. En Forex trading, es importante estar al tanto de estos acontecimientos geopolíticos y macroeconómicos.

Paridad del tipo de interés (o IRP)

El IRP es bastante similar a la PPA, porque sugiere que no debería haber oportunidades de arbitraje si los dos activos de dos países tienen los mismos tipos de interés y los riesgos para cada país son también prácticamente los mismos.

La ley de un precio también es la base del IRP, porque la compra de un activo en un país también debe producir el mismo rendimiento que el mismo activo en otro país. De lo contrario, los tipos de cambio tendrán que ser ajustados para salvar la diferencia.

A continuación, se muestra la fórmula para obtener el IRP:

$$(i_1 - i_2) = \left(\frac{F - S}{S}\right)(1 - i_2)$$

F: se refiere al tipo de cambio en *forwards* (mercado a plazo)

S: se refiere al tipo de cambio en el mercado al contado

I_1: se refiere al tipo de interés en el país 1

I_2: se refiere al tipo de cambio en el país 2

En lo que respecta a los tipos de interés, la mayor concentración por parte de los participantes en el mercado, se sitúa más en los cambios de los índices bancarios del banco central del país. Esto se utiliza para el ajuste monetario y el establecimiento de la política monetaria del país.

En los Estados Unidos, el tipo de interés bancario lo determina el Comité Federal de Mercado Abierto (FOMC). Esta tasa es utilizada por los bancos comerciales para prestar y pedir prestado al Tesoro de los EE.UU.

El FOMC se reúne ocho veces al año para discutir los factores económicos actuales y decidir si bajar, subir o no cambiar la tasa bancaria.

Los participantes en el Forex market deben tomar nota de los resultados de estas reuniones para guiarse en el Forex trading.

Modelo monetario

Este modelo Forex se concentra en la política monetaria de un país para ayudar a calcular el tipo de cambio.

La política monetaria de un país se ocupa principalmente de la oferta de dinero en el país, que se determina por la cantidad de dinero impresa por la tesorería, así como el tipo de interés fijado por el banco central.

Los países que adoptan una política monetaria que aumenta rápidamente su oferta, probablemente experimentarán presiones inflacionistas debido al aumento de la circulación. Esto puede llevar a la devaluación de la moneda.

Paridad de Poder Adquisitivo (PPA)

La PPA es una teoría económica que establece que los niveles de precios entre dos países deben ser equivalentes entre sí después de los ajustes del tipo de cambio. Esta teoría se basa en la ley del precio único, en la que el costo de un bien similar debe ser el mismo independientemente de la ubicación.

Según esta teoría, si existe una diferencia importante entre dos países para el mismo producto después del ajuste del tipo de cambio, es necesario crear un arbitraje ya que el producto podría obtenerse del país, que puede venderlo a un precio más barato.

A continuación se muestra la versión relativa de PPA:

$$e = \frac{\pi_1 - \pi_2}{1 + \pi_2}$$

e: se refiere a la tasa de cambio en el tipo de cambio

'Π_1: se refiere a la tasa de inflación del país 1

'Π_2: se refiere a la tasa de inflación en el país 2

Por ejemplo, digamos que la tasa de inflación del país A es del 10% y la tasa de inflación del país B es del 5%, entonces la moneda del país A debe apreciarse al menos un 4,76% frente a la del país B.

Modelo de diferenciación del tipo de interés real

Esta teoría de las divisas sugiere básicamente que los países con tipos de interés reales más altos probablemente experimentarán un aumento de sus monedas en comparación con los países con tipos de interés más bajos.

La razón principal de esto es que es más probable que los inversores inviertan su dinero en países con tipos de interés reales más altos para poder obtener mayores beneficios. El país con la tasa de interés más alta de bienes raíces probablemente subirá su tasa de cambio.

Teoría y práctica en el Forex market

La comprensión de estas teorías sobre las divisas podría ayudarte a entender los principios subyacentes del Forex market y cómo afecta o se ve afectado por la economía.

Pero ten en cuenta que hay teorías que están en conflicto entre sí, por lo que no hay certeza de que no sean 100% exactas para ayudarte a proyectar las fluctuaciones del Forex market. Es probable que su aplicación varíe según las condiciones del mercado, pero sigue siendo crucial conocer los conceptos básicos que subyacen a estas teorías.

En este punto, tú podrías estar un poco abrumado por el gran volumen de datos que se están publicando y que deberías monitorear mientras intentas operar en el Forex market. A pesar de esto, es crucial saber qué anuncios de noticias podrían afectar a las divisas en las que estás poniendo tu dinero.

Después de comprender los factores económicos que impulsan el Forex market, a continuación veremos las dos estrategias principales que puedes utilizar para operar en el Forex market: el análisis fundamental y el análisis técnico.

CAPÍTULO 6. ANÁLISIS Y ESTRATEGIAS FUNDAMENTALES EN EL FOREX TRADING

En general, los acontecimientos geopolíticos, los datos económicos y los informes de noticias de un determinado país se consideran de manera similar a los anuncios sobre acciones y empresas utilizados por los inversores para conocer su verdadero valor. El valor puede cambiar con el tiempo debido a varios factores, entre ellos la solidez financiera y el crecimiento. Los fundamentalistas se centran en estos datos para evaluar la moneda de los países del currency pair que te interesa.

En este capítulo, discutiremos las principales estrategias fundamentales de Forex que son utilizadas por los traders e inversionistas hoy en día.

Estrategia *Carry trade* en Forex

El *Carry trade* es una estrategia de inversión en la que un trader ofrece una divisa con un tipo de interés más bajo y compra una divisa con un tipo de interés más alto. En pocas palabras, está prestando divisas a un tipo de interés más alto y pide prestado a un tipo de interés más bajo. Al utilizar esta estrategia, puedes obtener beneficios a través de la diferencia entre estas dos tasas.

Recuerda, cuando estás apalancando una operación, un ligero movimiento entre las tasas podría resultar en grandes beneficios o mayores pérdidas. Además de captar las diferencias en las tasas, los traders también se centran en el aumento del valor de la moneda, porque el dinero fluye en la moneda de alto rendimiento que aumenta su valor.

Un buen ejemplo de esto es el carry trade del yen japonés en 1999, cuando el país bajó sus tasas de interés a casi el 0%. Los inversionistas eventualmente capitalizaron estas tasas de interés más bajas al tomar prestada una cantidad sustancial de yenes japoneses, los cuales fueron convertidos en dólares para comprar bonos del tesoro de los Estados Unidos.

Estos bonos garantizaron hasta un 5%. Debido a que la tasa de interés japonesa era básicamente cero, los inversionistas no están pagando ninguna cantidad sustancial para pedir prestado el yen y obtuvieron muchas ganancias de los bonos del tesoro de EE.UU. A través de un apalancamiento adecuado, puedes aumentar sustancialmente tus beneficios en Forex trading.

Por ejemplo, un apalancamiento de 20 veces producirá un rendimiento del 30% sobre un rendimiento del 3%. Si tienes 500 dólares en tu cuenta y tienes acceso a un apalancamiento 20 veces, puedes controlar 10.500 dólares. Si intentas la estrategia de carry trade de nuestro ejemplo, puedes ganar un 3% anual. Al final del año, tu inversión de 10.000 dólares será de 10.300 dólares. Ten en cuenta que sólo ha invertido 1.000 dólares de tu bolsillo, por lo que tu rendimiento real es del 30%.

Pero ten en cuenta que esta estrategia sólo es aplicable si el valor del currency pair se revaloriza o no cambia. Por lo tanto, muchos traders de Forex que utilizan la estrategia de carry trade se centran no sólo en ganar con el interés de la diferencia entre las tasas de interés, sino también en la revalorización el capital.

Con el fin de dar ejemplos simples, hemos simplificado las transacciones que se dan aquí. Es crucial tener en cuenta que hay una mínima diferencia en el tipo de interés que podría dar lugar a enormes ganancias cuando se aplica el apalancamiento. Muchos brokers o brokers necesitan un pequeño margen para ganar intereses para aplicar la estrategia de carry trade.

Las transacciones a través de la estrategia de carry trade podrían complicarse debido a los movimientos del tipo de cambio entre las divisas. Si la moneda es de bajo rendimiento y se aprecia frente a una moneda que rinde más, la ganancia que puedes obtener entre los dos rendimientos podría ser descartada.

La razón principal de que esto pueda suceder es que para los inversionistas, podría ser demasiado para llevar los riesgos de la moneda que está con rendimientos altos. Por lo tanto, suelen optar por invertir en monedas más seguras pero de menor rendimiento.

Ten en cuenta que la estrategia de carry trade es ideal para los inversores que buscan beneficios a largo plazo en Forex trading. Por lo tanto, esta estrategia lo hará vulnerable a diferentes cambios a lo largo del tiempo como el aumento de las tasas en las monedas de menor rendimiento. Esto también atrae a más inversores y podría resultar en la apreciación de la moneda que podría disminuir las ganancias que puedes obtener a través del carry trade.

Noticias

Los acontecimientos noticiosos importantes en todo el mundo podrían tener un gran impacto en el Forex market, lo que normalmente hace que todos los análisis pierdan sentido. Ten en cuenta que el Forex market es un mercado de 24 horas y no hay forma de programar el anuncio de las noticias. Los cambios en el mercado según la economía y los datos podrían afectar a cualquier tipo de operador, dondequiera que esté y cualquiera que sea la divisa que elija para operar.

Si estás en Europa y quieres comerciar con francos suizos, puedes leer las noticias de Europa. Si prefieres el yen o el yuan, entonces tienes que estar atento a las noticias de Japón, China y Asia en general. Lo mismo ocurre con otras monedas. Tienes que revisar las noticias todos los días para estar al tanto de cualquier información que pueda afectar a tus operaciones.

En el Stock market, las noticias más importantes suelen ser la publicación de los beneficios de las empresas, las ganancias, los datos macroeconómicos, los beneficios por acción, etc. En el Forex market, las noticias significativas que afectan al mercado pueden ser anuncios de los Bancos Centrales, eventos políticos, noticias económicas, informes de inflación, y más.

Entre las primeras lecciones para los principiantes en el Forex market, es que cuando se opera, hay que tener cuidado en el mercado durante los anuncios de noticias significativas. Sin embargo, puede que todavía te encuentres operando durante las noticias y por lo general no es por ser codicioso. A algunos traders les gusta la sensación de excitación o el subidón de adrenalina. Algunos son adictos a la emoción, pero la mayoría de los traders de Forex sólo buscan ganancias. Después de todo, estás operando principalmente por las ganancias y el riesgo es una parte natural del proceso.

Siempre hay dos monedas involucradas en Forex trading. Si estás planeando abrir una posición, las noticias de los dos países deben ser tomadas en cuenta junto con otras noticias extranjeras que pueden afectar el currency pair.

Por ejemplo, si decides operar con CHF/NZD, además de evaluar los posibles resultados de las noticias de Suiza y Nueva Zelanda y el efecto que podría tener en el par, también debes considerar las noticias significativas de Europa y Asia o de cualquier otro lugar porque las noticias pueden causar cualquier movimiento en los mercados financieros.

Si hubiera un dato económico realmente bueno de Australasia, el par se recuperaría porque significa que la demanda de productos europeos podría seguir una tendencia al alza. Lo contrario puede ocurrir si las condiciones económicas en Europa no son tan fuertes. Podría afectar al mercado financiero mundial y los traders podrían elegir alternativas de moneda como el USD y el yen.

Después de establecer la importancia de entender las noticias y el impacto que pueden tener en el precio, el siguiente paso es aprender cómo puedes utilizar las noticias en tu beneficio. Hay dos métodos principales para usar la estrategia de operaciones con noticias: el corto plazo y el largo plazo.

El trading de noticias de corto plazo es un poco más difícil debido a la volatilidad así como a los stops más ajustados. A menudo, minutos antes y después, las tasas son como sierras eléctricas, moviéndose frenéticamente en ambas direcciones. El trading de noticias de corto plazo también se divide en varias estrategias.

Un método es vender el *spike* (pico) de la moneda después de una mala noticia. Hay casos en los que incluso después de los malos anuncios, el precio aumenta ligeramente durante varios segundos o incluso minutos. Este es el mejor momento para vender, particularmente si está en algún nivel o resistencia significativa.

Por otro lado, comprar después de malas noticias, debido a los buenos datos del pasado, puede hacer que un currency pair forme una tendencia alcista. Aunque son poco frecuentes, no se deben ignorar las malas noticias, aunque esto no afectará el panorama general de la situación. Por lo tanto, después de una caída inicial, debes buscar comprar de inmediato como respuesta al mercado.

En la búsqueda de oportunidades de trading a largo plazo de acuerdo con las noticias económicas, es crucial evaluar tanto los datos anteriores como los actuales. Esto se debe a que hay casos en los que las noticias pueden tardar semanas o meses en ser absorbidas significativamente por el mercado. Puedes utilizar la información para ver una imagen más amplia y el impacto que puede tener en la moneda que desea comercializar. Las tendencias a largo plazo se construyen por factores fundamentales que se basan en numerosas piezas económicas durante un período de tiempo específico.

Por ejemplo, el currency pair GBP/USD comenzó una tendencia alcista hace un año y esta tendencia continúa desde entonces. Por otro lado, el par EUR/GBP está siguiendo una tendencia descendente desde hace algún tiempo. Ten en cuenta que estas tendencias no han comenzado después.

Esto ha sido posible gracias a los datos económicos que han salido de Gran Bretaña durante los dos años anteriores o incluso más. La mayoría de las noticias se referían a la esperada recuperación de la economía de Gran Bretaña mucho antes de que la tendencia comenzara a formarse. A través de un cuidadoso análisis y proyección, un trader debería haber apostado por la libra esterlina y haber ganado de alrededor de 2000 pips.

Indicador *Momentum*

Todos los traders de Forex tienen su propio estilo de negociación, algunos pueden ser bajistas y otros pueden ser alcistas. Por lo tanto, el sentimiento del mercado es el estilo de los diferentes traders combinados, lo que produce la condición general del mercado.

Hay casos en los que cada indicador apunta en una dirección específica pero el mercado se mueve en sentido contrario. Hay casos en los que la condición fundamental de la economía puede ser considerada como bajista para una moneda en particular y sin embargo, sigue fluctuando al alza en comparación con otras monedas.

Un ejemplo de esto es el alto movimiento del USD/EUR que comenzó en 2012 hasta principios de 2017. La economía europea en general no progresaba y muchos países miembros seguían sufriendo los efectos de la recesión, la caída de la inflación y los disturbios políticos en algunos países. En los EE.UU., la economía se estaba recuperando a pesar de las condiciones favorables en Europa, el currency pair todavía se mantiene en un promedio de 1,40.

Es crucial para los principiantes de Forex estar familiarizados con el sentimiento del mercado. No sólo podrás leer el sentimiento del mercado en general, sino que también podrás operar con éxito y obtener beneficios no sólo en el Forex market, sino también en otros productos comerciales. La mayoría de las veces, el sentimiento del mercado es fácil de analizar, porque sólo necesita centrarse en la tendencia principal de un par en particular, como la buena tendencia del EUR/USD entre 2012 y 2014.

Seguramente encontrará algunos consejos de Forex trading acerca de la importancia de la tendencia como indicador. De alguna manera, esto es cierto ya que la tendencia te permitirá conocer el sentimiento del mercado. Pero hay veces que las tendencias pueden ser difíciles de leer. Por ejemplo, un operador diario que opera cada 15 minutos a una hora, puede ver la tendencia apuntando a una sola tendencia. Pero horas más tarde, la tendencia puede cambiar y así puedes perder dinero.

Las tendencias pueden cambiar realmente rápido. Las más grandes dentro del gráfico diario o de cuatro horas podrían haber estado tendiendo en la dirección opuesta y por lo tanto la tendencia que un operador diurno puede estar mirando podría ser sólo la corrección de la tendencia más grande. Por eso, antes de colocar una orden de acuerdo a un marco de tiempo de gráfico inferior, tienes que comprobar primero los gráficos más grandes. A través de esto, serás capaz de detectar el sentimiento del mercado y encontrar los pares en los que puedes posicionar tus apuestas.

¿Por qué centrarse en un currency pair?

Centrarse en un currency pair uno a uno, es una buena manera de familiarizarse con el sentimiento general del mercado. A través de esto, tú puedes gradualmente dominar la lectura de los currency pairs. Muchos traders de Forex lucrativos están comercializando exitosamente de acuerdo a su sentido de acción de los precios. En esta estrategia, debes llevar la cuenta de la rapidez con la que un par específico se mueve en dos direcciones.

Cuando la tendencia alcista es más rápida que la bajista, significa que el mercado está más abierto a comprar inmediatamente, lo que indica un sentimiento general de mercado más alcista. Además, también puede controlar cómo responde un currency pair a las noticias financieras que son relevantes para el currency pair.

Por ejemplo, si la economía en el Reino Unido es buena, el GBP/USD podría rebotar según los datos económicos de recuperación. Esto significa un sentimiento general de mercado más bajista.

El sentimiento del mercado puede ser aún más bajista cuando un anuncio reciente en la economía no ha progresado aún para formar una tendencia alcista.

Si estás negociando con acciones, podrías evaluar el volumen negociado ya que el Stock market está enfocado en el piso de las acciones. Ten en cuenta que esto no se cumple cuando se trata de una inversión en el Forex market.

En el mercado Spot Forex, el indicador de volumen ideal es el COT o informe de compromisos de los traders, que se publica cada viernes a las 7:30 GMT. Este informe contiene las operaciones netas largas y cortas de las operaciones no comerciales y comerciales en el mercado de futuros. Al leer el COT, podrás evaluar cómo se posicionan los actores del mercado, lo cual tendrá un impacto en el Forex market.

En general, seguir la tendencia es la mejor forma de operar en el Forex market. A través de esta lógica, está claro que se vende cuando hay más cortos netos y se compra una vez que hay más largos netos. Sin embargo, hay casos en los que lo ideal es simplemente ignorar la tendencia. Si las señales de compra se consideran en los extremos, puede que tengas que esperar un tiempo o vender si es necesario.

Si todos los traders han comprado en el mercado, hay muy pocos traders que puedan comprar y por lo tanto, una moneda no podrá seguir una tendencia alcista si no hay suficientes actividades de compra. Por consiguiente, una reversión es inminente porque las divisas podrían cerrar las posiciones de compra. También es ideal apostar por este informe o indicador para el trading de tendencias a largo o mediano plazo, ya que sale cada semana. Cuando estás en el trading a corto plazo, este informe puede ayudarte a evaluar las tendencias.

Eventos globales

La vigilancia de los acontecimientos mundiales es crucial para detectar el estado del mercado. Muchos de estos eventos pueden ocurrir en un continente y pueden parecer irrelevantes para un currency pair que estés operando. Sin embargo, el mundo entero está ahora conectado gracias al poder de Internet, por lo que cualquier noticia que se considere de importancia mundial tiene la posibilidad de tener algún impacto en el mercado, especialmente en el Forex market.

Por ejemplo, el ascenso de ISIS en el Medio Oriente tiene un efecto significativo en las principales monedas del mundo. Si lo piensas, el CHF no tiene nada que ver con la crisis de Oriente Medio. Pero como una moneda segura y estable, ha subido más debido al temor de otra guerra mundial.

En resumen, el sentimiento del mercado es un indicador crucial que se puede utilizar en trading en el Forex market, así como en otros mercados financieros. Todos estos indicadores podrían establecer el sentimiento para que los traders decidan su estrategia.

Esto puede ser realmente un desafío para un principiante, pero si quieres ser rentable en el Forex market, es crucial tener un aprendizaje en profundidad y probar estas estrategias fundamentales probadas.

En este punto, debes tener una idea básica sobre los conceptos económicos generales y fundamentales que forman la base del Forex market y que afectan el movimiento de las monedas.

Un concepto clave que debes aprenderte de este capítulo es que los países y sus monedas, al igual que las empresas, cambian continuamente sus valores según indicadores fundamentales como los tipos de interés y el progreso económico. Como principiante en el Forex market, también debería tener una idea de cómo los factores económicos específicos podrían afectar a la moneda de un país.

En el próximo capítulo, discutiremos el análisis técnico así como las estrategias relacionadas sobre cómo elegir operaciones en el Forex market mirando los indicadores técnicos.

CAPÍTULO 7. ANÁLISIS Y ESTRATEGIAS TÉCNICAS EN EL FOREX TRADING

Entre los conceptos fundamentales del análisis técnico, está el de que el movimiento futuro de los precios podría predecirse mirando los movimientos del pasado.

Debido a que el Forex market es un mercado de 24 horas, se tiene la oportunidad de evaluar un enorme volumen de datos, que se pueden utilizar para medir la actividad de los precios, lo que aumenta la importancia estadística de la proyección.

Muchos inversores y traders del Forex market utilizan herramientas técnicas como indicadores, gráficos y tendencias.

En general, es crucial tener en cuenta que la interpretación del análisis técnico podría seguir siendo la misma independientemente de los activos que se estén controlando. En este capítulo, discutiremos las estrategias de Forex más populares basadas en el análisis técnico.

Movimientos de currency pairs

Al realizar un análisis técnico en el Forex market, es necesario determinar si un currency pair puede seguir una tendencia en un punto específico, o si tiene la probabilidad de permanecer en el rango o ir en contra de la tendencia.

Una forma común de averiguar estos rasgos es colocar líneas de tendencia, que vinculan los niveles anteriores del mercado que han hecho que la tasa no suba o baje.

Estos niveles de resistencia y apoyo son populares entre los técnicos para saber si la tendencia vigente va a continuar.

En general, la mayoría de los currency pairs como GBP/USD, USD/CHF, USD/JPY y EUR/USD han demostrado los mejores rendimientos en el pasado.

Por otro lado, los pares que han mostrado mayor probabilidad de seguir los rangos son los pares que no involucran al USD o los conocidos como cruces.

Inconsistencia de la tasa mínima

Hay diferentes actores en el Forex market, como los grandes bancos y los fondos de cobertura. Estos grandes operadores están equipados con complejos sistemas informáticos para controlar continuamente cualquier incoherencia entre los distintos currency pairs.

Con estos programas, puede ser raro ver cualquier inconsistencia significativa que dure más de unos cuantos segundos. Muchos traders están usando análisis técnicos porque presumen que todos los factores que podrían afectar a los tipos de cambio de las divisas (como los psicológicos, sociales, políticos y económicos) ya han sido considerados en el actual tipo de cambio por el mercado.

Con muchos operadores y con un alto volumen de transacciones cada día, la tendencia así como el flujo de capital se vuelve importante en lugar de tratar de determinar un tipo de cambio que está mal valorado.

Indicadores técnicos de Forex

Los traders de Forex que prefieren el análisis técnico, utilizan diversos indicadores junto con los niveles de resistencia y apoyo para ayudarles a proyectar el movimiento de los tipos de cambio en el futuro inmediato. Ten en cuenta que la comprensión de los diferentes factores o indicadores técnicos es crucial y puede requerir un estudio más profundo de tu parte.

Entre los indicadores que debería aprender bien se incluyen los estocásticos, los promedios móviles, el retroceso de Fibonacci y las bandas de Bollinger. Ten en cuenta que estas herramientas no se utilizan a menudo como un indicador independiente, sino más bien junto con los patrones de los gráficos y otros indicadores.

Indicador Fibonacci

El indicador Fibonacci es un indicador común utilizado en el análisis técnico del Forex market. Esta estrategia depende en gran medida del retroceso y para entender completamente cómo funciona, debes revisar tu comprensión de la tendencia de Forex.

Al observar cada acción de los precios por separado, es bastante difícil buscar un patrón. Mirar más de cerca el panorama general te permitirá identificar las tendencias.

Durante cientos de años, las ratios y números de Fibonacci han sido populares entre artistas y matemáticos. Estas cifras significan muchas cosas en las matemáticas, en la naturaleza, e incluso en los mercados financieros.

Aunque Fibonacci es un concepto clásico de las matemáticas, no es necesario ser un experto en la materia para poder usar estas cifras en el cálculo de proyecciones en las plataformas de operaciones de divisas. Todo lo que tienes que hacer es tomar una decisión de acuerdo a las líneas que aparecen en los gráficos.

Al observar más de cerca cuán lejos ha llegado el retroceso en la escala de Fibonacci, podríamos averiguar si el precio podría retroceder o convertirse en una tendencia bajista o alcista. Mientras el precio permanezca por encima de la línea específica, se podría esperar que la tendencia se retraiga a través de una tendencia alcista. Cuando el precio cruza la línea, deberías interpretar esto como el comienzo de una tendencia bajista, que indicará que es el momento de cerrar la posición.

Indicador de nivel horizontal

Los niveles horizontales son uno de los conceptos más simples pero bastante útiles en el Forex market. Estos son los fundamentales en la mayoría de las estrategias de Forex trading y podrían ayudarte en el estudio de los gráficos. Pero también puedes usarlos como una estrategia separada en lugar de una mera herramienta para ir junto con otras estrategias.

Al monitorear las acciones de precios más claras e identificar los niveles horizontales, puedes hacer operaciones rentables. Al familiarizarte completamente con los niveles horizontales de los gráficos avanzados, podrás identificar tendencias que de otra manera podrías haber ignorado.

Muchos traders de Forex consideran que los niveles horizontales son tan esenciales como la acción de los precios que, en última instancia, se considera el núcleo del Forex trading. Evaluar la integración del cambio de precio así como los niveles horizontales podría permitirte familiarizarse con la tendencia y proyectar el movimiento del mercado. A pesar de que los niveles horizontales podrían ser una estrategia sencilla en el trading del Forex market, muchos operadores populares como George Soros y Warren Buffet han reconocido los niveles horizontales como un pilar para sus estrategias.

Los niveles horizontales podrían ayudar a detectar ciertas partes en un gráfico donde el cambio de tendencia podría ocurrir. Esto podría ayudarte a decidir dónde podrías poner un alto, o si quieres entrar en una operación, pero no estás seguro del mejor momento para hacerlo.

Ten en cuenta que el tiempo es crítico en la mayoría de las estrategias de operaciones en el Forex market y debes tener una precaución extra en la evaluación de los niveles horizontales para encontrar el momento adecuado y posicionar una buena operación. Recuerda que los niveles horizontales se utilizan como base para muchas otras estrategias de Forex trading, pero cuando se utilizan por separado, a menudo no son suficientes y deben utilizarse junto con otras estrategias Forex.

El método ideal para utilizar los niveles horizontales a tu favor es a través del análisis de los puntos de oscilación, que se refieren a los puntos en los que hay un cambio de tendencia. Marcando los niveles horizontales en estos lugares, se pueden encontrar los precios donde podría haber un probable cambio de tendencia.

Ten en cuenta que los puntos de giro tienen más probabilidades de repetirse. Los niveles de resistencia podrían convertirse en niveles de apoyo y viceversa. Cuando marcas los niveles horizontales en tu gráfico, puedes proyectar el siguiente punto del swing que probablemente sucederá y así salir o entrar en un intercambio en el momento adecuado.

Indicador de rango del mercado

Los niveles horizontales se pueden utilizar en el rango de mercados, lo que se refiere a la condición en que el precio tiene límites claros inferiores y superiores.

Al vigilar el precio cuando se está acercando a un límite, se pueden proyectar con precisión los puntos en que es más probable que el precio continúe la tendencia.

Puede ser difícil predecir el precio e incluso puede romper el límite cuando estás decidiendo entrar en el mercado. Pero en general, esta estrategia técnica de Forex es segura y muy fiable.

En un gráfico, los niveles horizontales continuarán subiendo y bajando entre distintos límites. Puedes marcar los límites como niveles horizontales para que puedas utilizarlos en tu beneficio.

Luego, el siguiente movimiento es esperar el momento en que el precio se acerque a los límites para que finalmente puedas colocar tu operación. Recuerda que es poco probable que el precio salte por encima del nivel horizontal del límite, por lo que podrías colocar una operación esperando un cambio de tendencia y así el precio podría volver al nivel horizontal.

Si el precio se aproxima a un límite superior, la tendencia suele ser bajista, por lo que es probable que el precio baje. Por otra parte, cuando la tasa se acerca a un límite inferior, la tendencia suele ser alcista y puede ocurrir una tendencia alcista en el precio.

Los niveles de recompensa y riesgo también podrían ser bastante fáciles de seleccionar en este tipo de mercado. El nivel de riesgo debe estar por debajo o por encima del límite desde el que se ha entrado en la operación y el nivel de recompensa debe estar en el límite opuesto del rango del mercado.

Indicadores de divergencia

Además de los fundamentos del mercado, los traders y los analistas del mercado utilizan varios indicadores para determinar los movimientos de los precios de un instrumento específico.

La comprensión de estos indicadores de divergencia te proporcionará un enfoque básico para detectar patrones y proyectar las tendencias de los precios. El uso de estos indicadores es lo que hace que las señales en el Forex market sean útiles, ya que puede utilizarlas para el análisis en tiempo real de la acción de los precios.

La divergencia es uno de esos indicadores que puede ayudarte a aumentar significativamente tus beneficios en el Forex market. La probabilidad de entrar en la dirección correcta en el mejor momento podría aumentar si utilizas este indicador junto con otros, como los niveles de soporte o resistencia, estocásticos, RSI y promedios móviles.

Con sólo reconocer el nombre del indicador, se podría saber simplemente que el enfoque divergente es una forma de comercio de desviación o disonancia. Los indicadores y los precios normalmente siguen una dirección similar y también a tasas similares.

Cuando el precio alcanza una tendencia alta-alta, el indicador también debe alcanzar una tendencia alta-alta y si el precio también alcanza una tendencia baja-alta, entonces el indicador debe hacerlo también. Lo mismo ocurre con los mínimos más altos y los mínimos más bajos.

Cuando los indicadores y el precio no están en armonía, entonces puede ocurrir algún tipo de cambio. Por lo tanto, se calcula la divergencia entre los bajos y los altos de los precios. Las métricas ideales para la divergencia en el trading son los volúmenes, MACD, estocásticos y RSI.

La divergencia podría ser fácil de detectar, ya que sólo hay que dibujar varias líneas en un gráfico. Sin embargo, hay casos en los que los traders miran demasiado los gráficos, lo que les hace ver cosas que no son realmente útiles para comerciar.

Por ejemplo, cuando la liquidez es baja o durante la consolidación, podrían formarse algunas divergencias menores entre los indicadores y el precio. Sin embargo, esto no significa que se deban considerar como divergencias reales.

CAPÍTULO 8. HABILIDADES BÁSICAS PARA FOREX TRADING QUE NECESITAS APRENDER

Hay muchas maneras de convertirse en un exitoso trader de divisas. Por ejemplo, si quieres ser un trader de Forex bajo una empresa financiera, suelen contratar a personas que tienen una sólida formación en ciencias exactas, ingeniería o matemáticas.

Para comenzar tu carrera como trader de Forex, hay habilidades básicas que debes aprender. Esto incluye lo siguiente:

1. Habilidades analíticas
2. Habilidades de investigación
3. Enfoque y control
4. Gestión del dinero
5. Psicología

Habilidades básicas de Trading

El pensamiento analítico es una habilidad básica que todo operador de divisas debería tener. Debes ser capaz de analizar los datos disponibles dentro de un marco de tiempo limitado.

El Forex trading es un juego de números y la plataforma está llena de patrones, indicadores y gráficos que debes analizar rápidamente.

También necesitas desarrollar tus habilidades analíticas para que puedas identificar fácilmente las tendencias del mercado.

Lectura de la cotización de la divisa

Cuando se cotiza una divisa, se hace en relación con la divisa de otro país de manera que el valor se define por el valor de la otra divisa. Por lo tanto, si tú quieres saber el tipo de cambio entre el franco suizo (CHF) y el yuan chino (CNY), la cotización de la divisa se verá así:

CHF/CNY = 6.95

Esto se conoce como el currency pair. En este par, el CHF es la moneda base, mientras que el CNY es la moneda contraria. La primera siempre tiene un valor de una unidad y la segunda es lo que esa unidad base es equivalente en su denominación. Este currency pair significa que CHF1 = 6.95 Yuan Chino. Así que si tienes un franco suizo, puedes comprar 6,95 yuanes chinos. Ten en cuenta que la cotización incluye el símbolo de la moneda para los currency pairs.

Puedes cotizar un currency pair de forma indirecta o directa. Una cotización indirecta es básicamente cuando la moneda local es la moneda base, mientras que una cotización directa es básicamente un currency pair en el que la moneda nacional es la moneda cotizada.

Por lo tanto, si estás buscando el dólar de los Estados Unidos como moneda nacional y el yen japonés como moneda extranjera, un código indirecto será JPY/USD, mientras que una cotización directa será USD/JPY.

En una cotización directa, la moneda cotizada podría variar, mientras que la moneda base tendrá un valor por defecto de una unidad. Mientras que en la cotización indirecta, la moneda nacional tiene un valor por defecto de una unidad, mientras que la moneda extranjera tiene un valor variable.

Por ejemplo, si el yen japonés es la unidad nacional, una cotización directa será de 109,37 USD/JPY, lo que significa que una unidad de USD puede comprar 109,37 JPY. La indirecta para esto será inversa

(1/109,37), 0,0091 JPY/USD, lo que significa que con 1 JPY, se puede comprar 0,0091 USD.

En el mercado Spot Forex, la mayoría de las divisas se negocian contra el USD y esto se suele denominar base de divisas. Todas estas son cotizaciones directas y fieles al anterior CHF/CNY que indica que 1 CHF es igual a 6.95 CNY.

Debes recordar que no todas las monedas tienen al USD como base. Las monedas utilizadas por la Commonwealth británica como el dólar neozelandés, el dólar australiano y la libra esterlina se identifican como la moneda base frente al USD. Así es como también se cotiza el Euro. Para estas situaciones, el USD se posiciona como la moneda contraria y la tasa de cambio es conocida como una cotización indirecta. Por lo tanto, el EUR a USD se cotiza como 1.19, porque una unidad de Euro puede comprar 1.19 USD.

Los tipos de cambio se indican hasta cuatro dígitos después del decimal. Una excepción es el yen japonés, porque esta moneda se cotiza sólo hasta dos decimales.

Si se da una cotización de la moneda sin el USD como componente, esto se conoce como divisa cruzada. Los currency pairs cruzadas más populares son el EUR/CHF, EUR/JPY, y el EUR/GBP. En general, los currency pairs expanden los horizontes de operación en el Forex market. Pero debes tener en cuenta que no son tan populares en comparación con el par que utiliza el USD como moneda base.

Precio de compra y venta

Al igual que en los Stock markets, si se comercia con currency pairs, hay que referirse al *bid* (tasa de compra) y al *ask* (precio de venta). Ten en cuenta que estos siguen estando en relación con la moneda base. Si tu estrategia es la de compra (comprar un currency pair) el precio de venta se refiere a la tasa de la divisa cotizada, que debe ser pagada para que puedas comprar una unidad de la divisa base, o cuánto está dispuesto el mercado a vender una unidad de la divisa base en referencia a la cotización de la divisa.

Por otro lado, cuando vas a la venta de un currency pair, la tasa de oferta significa cuánto de la moneda cotizada puedes obtener cuando vendes una unidad de la moneda base o cuánto está dispuesto a pagar el mercado por la moneda (cotizada) en referencia a la moneda base.

Recuerda, la cifra a la izquierda de la barra es el precio de compra, mientras que los dos dígitos siguientes a la derecha de la barra son el precio de venta. Ten en cuenta que es costumbre citar sólo los dos últimos dígitos del precio total. La oferta es también más pequeña comparada con el precio de venta. A continuación se muestra un ejemplo:

USD/CHF = 1.3000/05

Ask = 1.3005

Bid = 1.3000

La compra de este currency pair significa que te gusta comprar la moneda base y por lo tanto tienes que referirte al precio de venta para saber cuánto en francos suizos cobrará el mercado por los dólares americanos. Basado en nuestro precio de venta, tu puedes comprar 1.00 dólares con 1.3005 francos suizos, que es la moneda que tú estás cotizando.

Pero si quieres vender este currency pair o en otras palabras quieres vender la base de la divisa usando la divisa cotizada, tienes que referirte a la oferta. Esto significa que el mercado comprará una moneda base de 1 dólar por un precio equivalente a 1.3000 francos suizos, que es la moneda que estás cotizando.

La moneda base (la que esté citando primero) siempre se refiere a aquella en la que estamos realizando la transacción. Esto significa que puedes comprar o vender la moneda base. Puedes referirte a un tipo de currency pair específico para encontrar el precio, dependiendo de la divisa que te guste utilizar para vender o comprar la base.

Habilidades de investigación

Al comerciar en el Forex market, no debes hacerlo por impulso. Debes tener confianza en tu estrategia y puedes hacerlo a través de la investigación. En el pasado, podías hacer una verificación de antecedentes sobre los mejores currency pairs leyendo libros, periódicos y otras formas tradicionales de fuentes de información.

Pero con el advenimiento de la World Wide Web, ahora hay innumerables fuentes de información que puedes usar para tu investigación. Sin embargo, no todas estas fuentes son confiables, pero también pueden guiarlo para convertirse en exitoso trader de Forex. Al elegir una fuente para consultar, asegúrate de que ésta cubra los currency pairs a comprar o si es el momento de vender tus divisas en base a diferentes factores, como el análisis técnico y fundamental.

También hay periódicos y publicaciones fiables que se pueden leer, que incluyen la interpretación de las noticias mundiales y cómo los acontecimientos actuales podrían afectar al Forex market. El Forex trading implica revisar la economía básica del pasado, porque la política también puede afectar el comportamiento de los traders de Forex. Por lo tanto, es crucial que esté actualizado con las noticias no financieras significativas de todo el mundo.

Para desarrollar una base sólida en el Forex trading, debes estar actualizado con importantes desarrollos técnicos y fundamentales de la industria. Los traders de Forex exitosos suelen tener sed de información, así como el impulso de buscar todos los datos relevantes, que podrían afectar el comercio.

Muchos traders incluso mantienen una plataforma de monitoreo para mantenerse al día con los principales avances de las noticias que pueden tener un impacto considerable no sólo en el Forex market, sino también en el escenario financiero mundial.

Enfoque y control

La concentración es otra habilidad importante para los traders de Forex, que puede aumentar cuanto más la practiques. Con la aparición de numerosos recursos en línea que prometen guiarte en las operaciones de Forex, deberías ser capaz de desarrollar cómo identificar y enfocar tu lente en las tendencias procesables que podrían afectar tu operación.

Hay traders de Forex que sólo se centran en tipos específicos de currency pairs para poder poner todos sus esfuerzos en proyectar el movimiento de la operación. Al centrarse en estas divisas, los traders pueden desarrollar una ventaja competitiva en comparación con los traders que no se centran en sus operaciones.

Mientras tanto, un trader exitoso también debe aprender a controlar sus emociones y seguir una estrategia o plan de trading específico. Esto es crucial para manejar los riesgos en las operaciones de Forex, tomando ganancias en puntos específicos o usando stop losses. Existen estrategias que permiten a los traders perder un poco en las malas operaciones pero obtener más ingresos en las operaciones ideales. Los malos traders suelen verse afectados por sus emociones, que influyen en la implementación estratégica de su plan de trading.

Gestión de riesgos

La gestión de riesgos es una habilidad que debes dominar para salvaguardar tu capital comercial de las pérdidas. Esto debe integrarse en tu estrategia de trading tan pronto como puedas. La gestión de riesgos abarca estrategias como el riesgo de recompensa, el escalamiento de las operaciones y la contención de las pérdidas. El dominio de esta habilidad te permitirá obtener mayores beneficios y evitar la pérdida de dinero.

Por ejemplo, muchos traders exitosos no arriesgan más del 2% de sus fondos en una sola operación. Esto protegerá tu cuenta de cualquier caída significativa y te permitirá operar con seguridad usando el apalancamiento.

Psicología

Los traders exitosos no sólo son expertos en las matemáticas de la plataforma de *Forex trading*. También son maestros en la comprensión de la psicología de las personas detrás del comercio. Además de observar el posible comportamiento de los operadores del mercado, un trader de Forex también debe superar aspectos psicológicos como la codicia y el miedo.

En Forex trading, debes aprender a seguir las reglas del juego sin permitir que tus emociones distraigan tu plan de juego. No es fácil convertirse en un exitoso tarde de Forex, pero si trabajas con tu plan y te dominas, puedes ganar el partido a través de la habilidad y la disciplina.

CAPÍTULO 9. CÓMO CONFIGURAR TU CUENTA DE OPERACIONES DE FOREX Y EMPEZAR A COMERCIAR

En este momento, es posible que sientas que ya puedes empezar a comerciar en el Forex market.

Asegúrate de que entiendes este capítulo para que puedas aprender los pasos importantes para configurar una cuenta de Forex y luego comenzar a operar con divisas.

También hemos incluido otras consideraciones importantes que debes comprender antes de abrir tu cuenta de operaciones de Forex.

Prepararse con una cuenta de práctica de Forex

Para los principiantes en el Forex market, la mejor manera de prepararse para esta nueva oportunidad es utilizar una cuenta de práctica.

Muchos brokers de Forex en línea ofrecen pruebas gratuitas para que puedas inscribirte en una cuenta de práctica y experimentar inmediatamente la acción de los precios en tiempo real sin gastar primero tu propio dinero real.

En la mayoría de las cuentas de práctica, se te proporcionará un efectivo virtual con el que podrás realizar operaciones. El riesgo será cero y podrás aprovechar la experiencia mientras aprendes cómo funciona el Forex trading.

Con una cuenta de práctica, verás realmente cómo los precios fluctúan en diferentes momentos del día y podrás ver cómo los currency pairs pueden variar entre sí.

Mientras operas con una cuenta de práctica, debes monitorear las noticias relevantes de las divisas que estás operando. Esto te dará una idea de cómo reaccionará el Forex market a los comunicados de prensa.

Además de evaluar el movimiento del mercado, también puedes comenzar a operar en condiciones de tiempo real en el mercado sin el riesgo de perder tu dinero y también puedes probar varias estrategias de operación para ver si funcionan en tu condición.

También puedes mejorar tu propia comprensión de cómo funciona el trading de margen y el apalancamiento y puedes experimentar la gestión de las posiciones de apertura y tendrás la oportunidad de utilizar varias órdenes.

La mayoría de los brokers permiten pruebas de 30 días cuando también se puede acceder a gráficos y otros suplementos técnicos.

Antes de inscribirte como miembro de pleno derecho, intenta abrir primero cuentas de práctica con diferentes brokers. Explora las diferentes características y capacidades de estas plataformas. Ten en cuenta también que los diferentes brokers tienen diferentes políticas comerciales.

Configuración de una cuenta de Forex Trading

El Forex trading es bastante similar al trading del Stock market porque primero tienes que abrir tu propia cuenta de trading. Al igual que en el Stock market, cada cuenta de Forex, así como los servicios que puedes aprovechar, pueden ser diferentes. Por lo tanto, es crucial que busques la plataforma más adecuada para ti. En este capítulo, discutiremos los factores importantes que debes considerar al elegir una cuenta de divisas.

Apalancamiento comercial

Cuando hablamos de apalancamiento, nos referimos a la oportunidad de tomar el control de grandes cantidades de dinero con un mínimo de capital de tu propio bolsillo. El nivel de apalancamiento es directamente proporcional al nivel de riesgo. Ten en cuenta que la cantidad de apalancamiento en una plataforma podría ser diferente según las características de la cuenta. Sin embargo, la más popular es el apalancamiento de 50:1. Algunas cuentas podrían ofrecer un apalancamiento máximo de 250:1.

Por ejemplo, un apalancamiento máximo de 100:1 significa que por cada dólar que tengas en la cuenta de corretaje, puedes utilizar hasta 100 dólares. Por ejemplo, si tienes un saldo de 100 dólares en la cuenta, el corretaje puede permitirte operar hasta 10.000 dólares en el Forex market. Este apalancamiento también puede definir la cantidad total que puedes mantener en tu cuenta o tu margen para operar una cantidad específica. En el Stock market, el margen suele ser del 50% y el apalancamiento podría ser de 50:1, que puede ser de al menos el 2%.

En general, se considera que el apalancamiento es una de las principales ventajas de operar en el Forex market, ya que te permitirá crear ganancias sustanciales con un capital mínimo. Pero el apalancamiento también puede tener desventajas extremas cuando una operación se mueve en la dirección opuesta, porque las pérdidas también pueden ser grandes.

Con este tipo de apalancamiento, siempre existe la probabilidad real de que tus pérdidas sean mayores que lo que has invertido, aunque la mayoría de las cuentas tienen topes de seguridad para evitar que la cuenta llegue a ser negativa. Por lo tanto, es fundamental que tomes nota de esto cuando abras una cuenta de corretaje y una vez que identifiques tu apalancamiento preferido, podrás comprender los riesgos que conlleva.

Honorarios y comisiones

Otra ventaja importante de las plataformas de Forex es que la inversión a través de ellas se puede hacer a través de una comisión, que es diferente a las cuentas del Stock market donde hay que pagar a un broker una cierta cuota por cada operación. Ahora estás tratando directamente con los protagonistas del mercado y no tienes que pasar por otra capa como los brokers.

Cada vez que tú entras en un comercio, son los creadores de mercado, son los que pueden aprovechar el diferencial. Por lo tanto, cuando el precio de compra/venta de un Forex market es 1.5300/50, el creador de mercado puede captar la diferencia entre los puntos.

Al crear tu propia cuenta de Forex, asegúrate de tener en cuenta que cada empresa tiene varios spreads en los currency pairs que operas. A pesar de que por lo general sólo se diferencian por varios puntos, esto puede ser sustancial cuando se planea hacer muchas operaciones. Por lo tanto, al configurar una cuenta, asegúrate de que estás consciente del pip y el spread de los currency pairs específicos que te interesa operar.

Otros factores

Debes tener en cuenta que hay varias diferencias entre cada plataforma de Forex y los programas o el software que ofrecen. Por lo tanto, es crucial revisar cada firma antes de comprometerse. Cada compañía de Forex trading puede ofrecer varios niveles de programas y servicios, incluyendo los honorarios más allá y por encima de los costos reales del trading. Además, debido a las condiciones menos estrictas en el Forex market, debes encontrar una empresa confiable. Cuando tampoco estés completamente seguro de comerciar con dinero real, puedes intentar comerciar en cuentas de práctica o demostraciones.

Cómo empezar a comerciar en el Forex market

Después de entender los factores más cruciales para abrir tu propia cuenta de Forex, es el momento de mirar qué es lo que específicamente podría operar dentro de la plataforma. Los dos métodos principales para operar en el Forex market incluyen el hacer trading real (venta y compra) de los currency pairs, en los que vendes una divisa y compras otra.

Otro método es a través de la compra de derivados que monitorean las fluctuaciones de un *currency pair* en particular. Estas estrategias son bastante similares a las técnicas comunes utilizadas en el Stock market. Básicamente, la compra y venta del currency pair es el método más popular, de manera muy similar a como muchos traders compran y venden unidades monetarias.

En este escenario, un trader puede esperar que el valor del currency pair cambie de manera rentable. Si decides vender un par, significa que está apostando a la posibilidad de que el valor del par caiga. Por ejemplo, supongamos que tu deseas una posición corta en el par USD/JPY.

Tú puedes obtener ganancias cuando el valor del currency pair baje y perderás tu inversión si sube. Este par subirá si el USD aumenta su precio contra el JPY, por lo tanto es realmente un fideicomiso sobre el JPY.

Otra alternativa es utilizar futuros y opciones, que son productos derivados, para poder ganar dinero con los cambios de valor de la moneda. Si compra una opción de currency pair, puedes obtener el privilegio de comprar un par a una tasa específica antes de un ajuste de punto.

Mientras tanto, un contrato de futuros de divisas podría construir el acuerdo para comprar el currency pair en un punto específico. Estas estrategias de operación son a menudo empleadas por traders más experimentados, pero como principiante, debes ser consciente de ellas.

Tipos de orden

En la búsqueda de una nueva posición comercial, es posible que tengas que utilizar una orden de mercado o una orden de límite, que en realidad son similares cuando se coloca una nueva posición en el Stock market. Una orden de mercado puede proporcionarte la capacidad de adquirir la divisa a un tipo de cambio específico, que actualmente está negociando en el Forex market. Por otro lado, la orden limitada te permitirá identificar un precio de entrada específico.

Si ya tienes una posición abierta en el mercado, es posible que tengas que considerar el empleo de una orden de take profit, para que puedas fijar tus ganancias. Por ejemplo, supongamos que ya estás seguro de que el USD/GBP reaccionará a 1,8700, pero no estás completamente seguro de que el precio suba más. Puedes utilizar una orden de take profit que cerrará inmediatamente tu posición si el precio llega a 1,8700, lo que asegurará tus ganancias.

La orden de stop loss también es una herramienta que puedes usar cuando quieras mantener las posiciones abiertas. Esto te permitirá averiguar si el precio podría bajar antes del cierre de la posición y se podrían acumular más pérdidas. Por lo tanto, si la tasa de USD/GBP comienza a bajar, el inversor puede poner un stop loss, que podría detener la posición para evitar más pérdidas.

Cuando también estés operando en el Stock market, te darás cuenta de que los tipos de órdenes que podrías introducir en las cuentas de operaciones de Forex son bastante similares. Es crucial estar familiarizado con estas órdenes antes de realizar tu primera operación en el Forex market.

CAPÍTULO 10. ¿QUÉ ES EL ANÁLISIS TÉCNICO?

El análisis técnico es una de las herramientas que los inversores utilizan para intentar predecir las fluctuaciones de los precios de las divisas gracias a la ayuda de los indicadores de ondas de Fibonacci y Elliot que se basan en la teoría del DOW. El análisis técnico se centra en la lectura de los patrones de los gráficos y se basa en la suposición de que las fluctuaciones de precios del pasado se repetirán. La información relacionada con el análisis fundamental, no se considera y el enfoque es exclusivamente en los gráficos de precios.

El doble máximo y el doble mínimo son dos formas de describir un patrón:

El doble mínimo toma la forma de la letra W y según la teoría, la moneda no caerá por debajo de los dos puntos más bajos de la W.

Doble mínimo

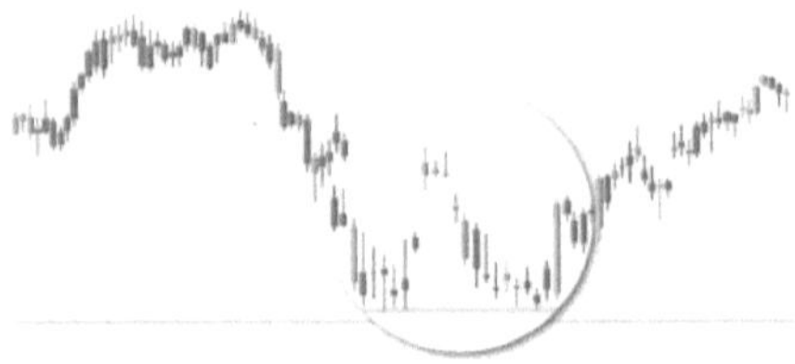

Con el doble mínimo, se identifica el nivel de precios más allá del cual la moneda no caerá más y comenzará a subir de nuevo una vez que se alcance el nivel de soporte. El doble máximo representa lo que se llama el nivel de resistencia, que es el límite más allá del cual la divisa no debe subir. El doble máximo es la cifra inversa del doble mínimo y de hecho toma la forma de la letra M.

Doble máximo

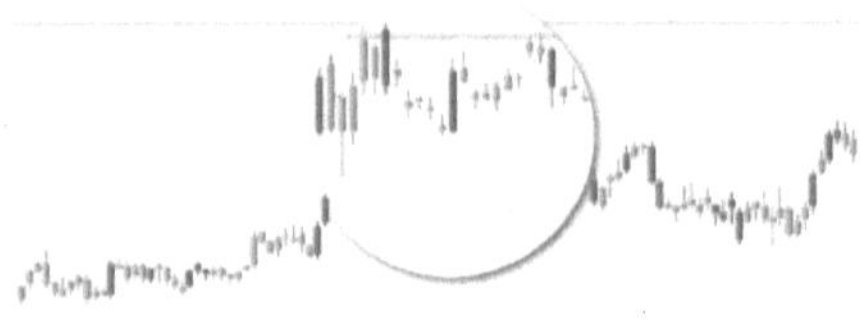

Una vez que la línea de precios forma la W, los inversores normalmente compran, mientras que cuando la moneda forma una M, los inversores venden.

¿Por qué funciona el análisis técnico? Si un número suficiente de personas dibujan la misma línea en el gráfico, se producirá una reacción cuando se alcance ese nivel de apoyo.

El uso del *Candlestick* (análisis de velas) está muy extendido en el Forex market ya que las velas dan a los inversores una rápida visión general de los movimientos del mercado en un día, una semana, un mes o un año.

El Candlestick se utiliza para el estudio de los movimientos de los precios, pero antes de utilizarlo es necesario comprender bien su funcionamiento. Para crear un gráfico de velas es necesario disponer de una cantidad de datos que incluya los valores de apertura, máximo, mínimo y cierre de cada día hábil.

- **Apertura**
- **Cierre**
- **Cuerpo de la vela**
- **Sombra**

Las largas y delgadas líneas que se encuentran en la parte superior e inferior del cuerpo de la vela son los apéndices, también llamados sombras. El cuerpo de la vela representa la diferencia entre el precio de cierre y el precio de apertura. El color del cuerpo indica si se ha producido una subida o una bajada desde la apertura.

Una vela larga y verde representa un período alcista, es decir, desde la apertura hasta el cierre el precio ha subido significativamente y ha habido mucha presión de compra. Por el contrario, una vela roja larga indica una tendencia a la baja, es decir, el precio de cierre ha sido significativamente inferior al precio de apertura y las ventas han sido agresivas. En general, cuanto más largo es el cuerpo, mayor es la presión de compra o venta. Por el contrario, una vela corta indica oscilaciones limitadas de los precios y por lo tanto,

estabilidad.

- **Cierre**
- **Apertura**
- **Baja**
- **Alta**

También es posible que el precio de apertura y el precio de cierre coincidan y por lo tanto que la vela no tenga cuerpo: en este caso hablamos de una vela Doji. La longitud de las sombras superior e inferior puede variar y la vela resultante puede por lo tanto parecerse a una cruz, una cruz invertida o un signo más.

Vistas por separado, las velas Doji son neutrales y simplemente muestran que no han

sacado partida de ellas y es posible que se esté desarrollando un cambio.

Velas Doji

La importancia de las velas Doji depende de la tendencia anterior o de la vela anterior. De hecho, después de una subida (indicada por una larga vela verde), la presencia de una Doji indica que la presión de compra está empezando a debilitarse. De igual manera, después de una tendencia a la baja (indicada por una vela roja larga), un Doji indica que la presión de venta está empezando a disminuir. Los Dojis indican que la oferta y la demanda se están suavizando y por lo tanto es muy probable que se produzca un cambio de tendencia.

Cómo identificar las tendencias del mercado

El análisis de los precios y la comprensión de los patrones de los gráficos pueden ayudar a los inversores a predecir la orientación futura de los precios. Las tendencias duran mucho tiempo en los Forex markets; pueden durar años. Es posible ganar tratando de encontrar máximos y mínimos en bases muy cortas, pero sin duda es más rentable y aún menos difícil seguir simplemente las tendencias del mercado.

¿Cómo dibujar la línea de tendencia?

Se necesitan dos puntos para dibujar la línea y luego, después de tocarla por tercera vez, tendrás tu línea de tendencia.

Un inversor puede decir "la tendencia es tu amiga", pero la tendencia es una "amiga" sólo mientras dure. De hecho, en el hacer trading hay un uso tan extendido del apalancamiento que cuando se produce una inversión de tendencia, el tipo de cambio es realmente

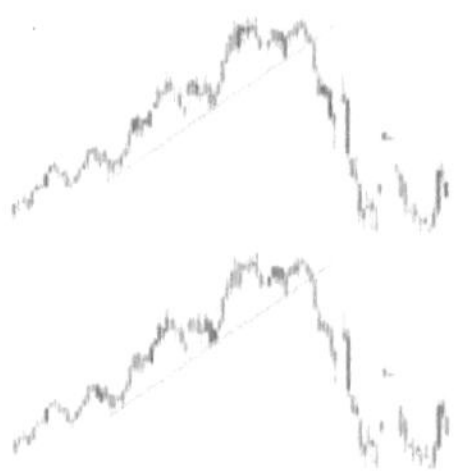

repentino y hay que tener cuidado.

La tendencia se interrumpe por una fuerte caída.

Cuanto más importante sea una línea de tendencia, más difícil será detenerla. Las tendencias cambian y su identificación es un aspecto decisivo de tu estrategia de inversión.

Usar promedios móviles simples

Una de las herramientas técnicas más utilizadas por los inversores es el promedio móvil simple. El promedio móvil se utiliza comúnmente para suavizar las fluctuaciones a corto plazo y destacar las tendencias a largo plazo. En cualquier caso, un promedio móvil no tiene como objetivo predecir los cambios, sino seguir y resaltar la tendencia actual. El promedio móvil puede entonces mostrar si el precio actual está por encima del promedio durante un

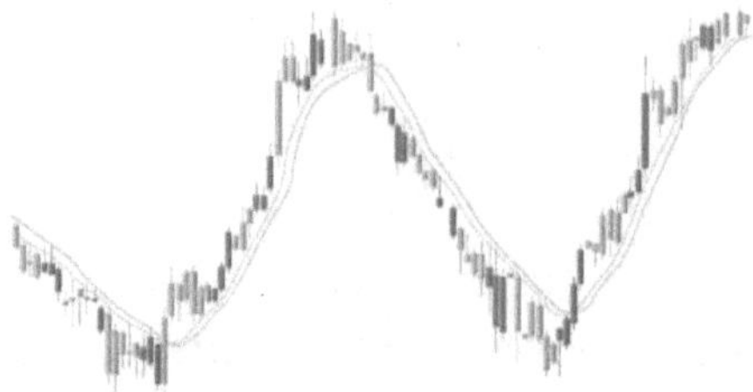

cierto período de días.

Promedios móviles simples basados en un gráfico de velas.

¿Cómo se calcula un promedio de móvil simple?

Simplemente añades un cierto número de precios de cierre y luego divides la suma por ese número. Si se hace de forma regular, se desarrollará un promedio móvil simple que puede ser usado para generar señales de compra o venta.

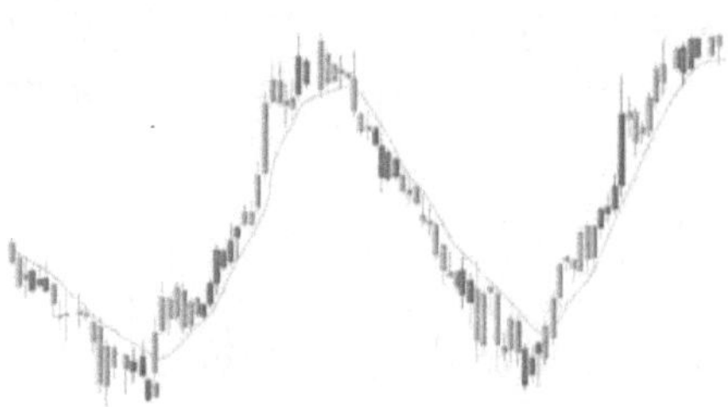

Si el precio cruza y excede el del promedio móvil simple, es una señal de compra.

Una señal de compra se genera cuando la línea de precios cruza y supera la línea de promedio móvil.

Es bueno utilizar dos o tres medias móviles simples con diferentes períodos en el mismo gráfico. Los inversionistas típicamente usan promedios móviles de 20, 50 y 200 días.

De hecho, una señal de compra también se genera cuando la línea de una media móvil simple de corto plazo, cruza otra media móvil de largo plazo hacia arriba. En este caso hablamos de una cruz de oro. Finalmente, también es posible mirar la dirección de la media móvil: si va hacia arriba la tendencia es alcista, si va hacia abajo la tendencia es bajista.

Cruz de oro: señal de compra

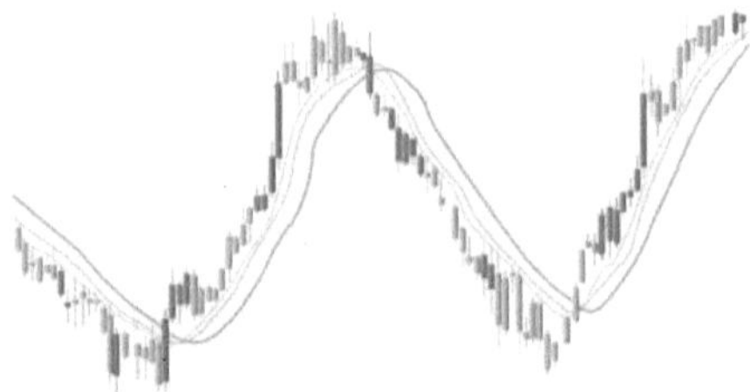

El aspecto más positivo de los promedios móviles es que nunca crean problemas de interpretación. De hecho, la línea de precios siempre está por encima o por debajo de la media móvil y esto es irrefutable. Los inversionistas a menudo usan promedios móviles simples en combinación con el indicador de impulso para determinar cuándo comprar o vender currency pairs.

Identificar los cambios de tendencia (Fibonacci)

Los indicadores técnicos más comunes utilizados en el trading en línea para identificar las tendencias futuras del mercado se denominan retracción de Fibonacci. Es un principio basado en una secuencia infinita de números descubierta en el siglo XIII por el matemático italiano Leonardo Fibonacci.

En la práctica, partimos de dos números, como uno y dos, que se suman para obtener el tercer número de la secuencia y así sucesivamente.

1, 1, 2, 3, 5, 8, 13, 21, 34, 55, 89, 144,

233, 377, 610, 987, 1597, 2854,

4181, 6765, 10946, 17711, 28657,

46368, 75025, 121393, 196418,

317811, 514229, 832040, 1346269

En el análisis técnico, el retroceso de Fibonacci se genera tomando dos puntos extremos en un gráfico (un mínimo y un máximo absoluto) y dividiéndolos de arriba a abajo por los porcentajes de Fibonacci, es decir:

23.6%, 38.2%, 50%, 61.8% and 100%.

Una vez identificados estos niveles, se trazan líneas horizontales para identificar los posibles niveles de apoyo y resistencia. Según los inversores que siguen este método, los grandes movimientos de precios tienden a retroceder o invertirse en uno de los niveles de retroceso de Fibonacci.

El nivel de Fibonacci del 61,8%, también llamado "proporción de oro" (del inglés «Golden Ratio»), se calcula dividiendo un número de la secuencia por el número siguiente.

Por ejemplo: 21/34 = 0.6176.

El nivel del 38,2% se obtiene dividiendo un número de la secuencia por el segundo número que le sigue. Por ejemplo: 55/144 = 0.3819.

El nivel del 23,6% se obtiene dividiendo un número de la secuencia por el tercer número que le sigue. Por ejemplo: 13/55 = 0.2363.

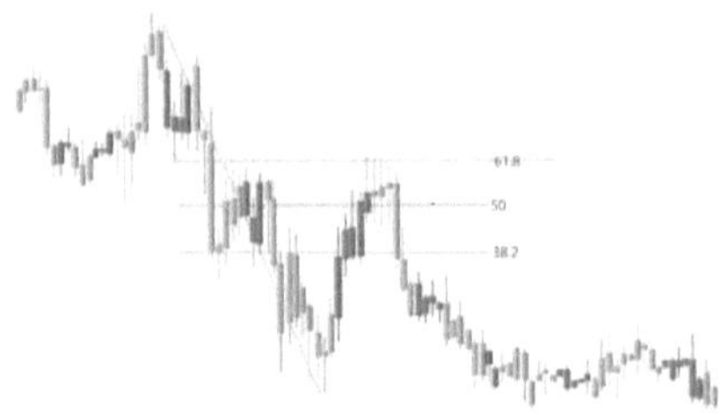

El precio tiende a retroceder los niveles del 38,2% al 61,8% del movimiento anterior antes de continuar en la misma dirección. Por razones aún desconocidas, estas relaciones parecen desempeñar un papel importante en el mercado, al igual que en la naturaleza y pueden ser utilizadas para determinar los puntos críticos que hacen que el precio de un producto invierta su tendencia.

¿Qué son las ondas de Elliott?

El principio de las ondas de Elliott es una herramienta técnica muy popular entre los inversores y se utiliza para predecir en qué dirección se moverán los precios en el futuro.

Ralph Nelson Elliott descubrió este patrón en la década de 1930. Los esquemas no se crean de la nada, al contrario, se generan sobre la base de las operaciones de compra y venta de los inversores. El mismo patrón se repite muchas veces y esto significa que el comportamiento humano es repetitivo. La onda de Elliott refleja este aspecto en el mercado.

Ciclo.

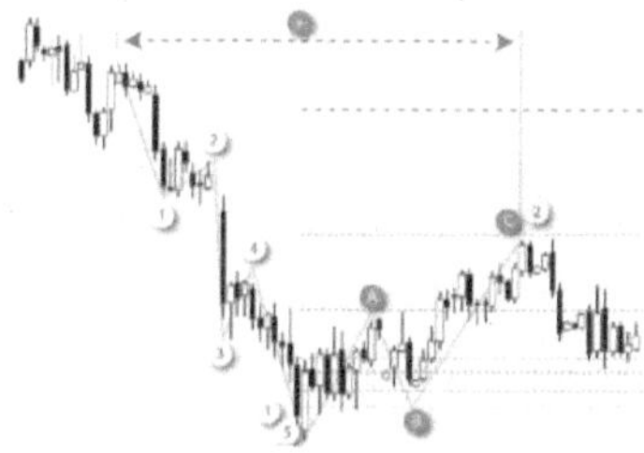

Estos patrones se definen por el número de movimientos de las ondas: cinco ondas menores que se mueven en la misma dirección que la tendencia crean una onda impulsiva, mientras que tres ondas menores que se mueven en oposición a la tendencia crean una onda correctiva. Las ondas impulsivas se identifican con números y las ondas correctivas con letras. Cuando un movimiento compuesto de 5 y 3 ondas completa un ciclo, la secuencia continúa disminuyendo gradualmente a medida que continúa descendiendo

Dentro de la tendencia dominante, las ondas 1, 3 y 5 se denominan «de conducción», en el sentido de que siguen la tendencia general. Cada una de ellas se divide en cinco ondas menores. Las ondas 2 y 4 se llaman en cambio «correctivas» y se dividen en tres ondas menores cada una. En un mercado bajista la tendencia dominante es a la baja, por lo tanto el patrón se invierte: cinco ondas hacia abajo y tres ondas hacia arriba. Las ondas impulsoras siempre se mueven siguiendo la tendencia mientras que las ondas correctivas siempre se mueven en la dirección opuesta.

El análisis de ondas es una técnica ampliamente utilizada entre los especialistas del sector y para poder utilizarla es necesario poder identificar una serie de patrones de ondas.

Estrategia con apoyos y resistencias

Los soportes y resistencias pueden ser utilizados en cualquier plazo o marco temporal. Son simples líneas horizontales que se dibujan en ciertos niveles de precios, pero estos niveles son tan importantes que presenciar su vulneración genera señales comerciales muy fiables, que se pueden utilizar muy rápidamente. Pero veamos con más detalle qué son los soportes y resistencias:

- Resistencia: una resistencia es un cierto precio que el mercado no puede superar al alza.
- Soporte: es exactamente lo opuesto a una resistencia o es un precio que el

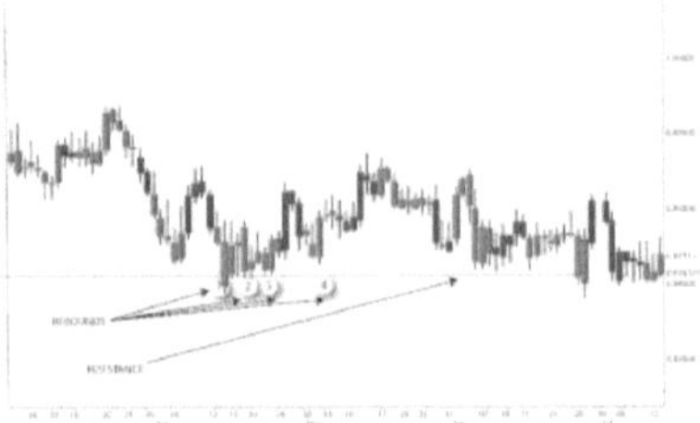

Señales proporcionadas por los niveles de apoyo y resistencia

Encontrar apoyos y resistencias en el gráfico es lo primero que se hace para utilizar la estrategia; es mucho más fácil de lo que se piensa.

Sin embargo, recuerda siempre establecer un marco de tiempo muy corto del gráfico como en M1, de hecho, para el *scalping* no puedes operar en marcos de tiempo mucho más largos que de otra manera ya expiraría en el trading a mediano plazo. Tu objetivo es aprovechar las tendencias de muy corto plazo.

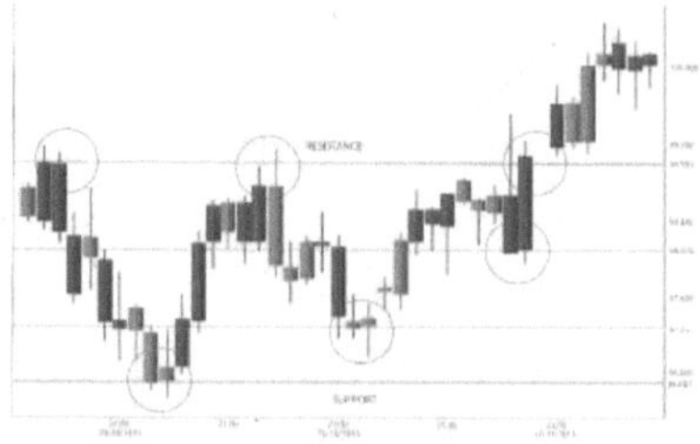

- En el caso de la resistencia, simplemente une al menos 2 o más velas (si estás usando el gráfico de velas japonés) o dos barras (si por supuesto estás usando el gráfico de barras) con una línea horizontal cuando sea posible. Está claro que las dos velas en cuestión, no deben tener un máximo que exceda su resistencia, esto significa que no hay un nivel de precios significativo allí.
- En el caso de un soporte, hay que hacer lo mismo en orden inverso, es decir, hay que ir con una línea horizontal para unir los mínimos que están en la misma línea recta, incluso, si te das cuenta de que ya se ha formado una nueva vela o barra que no respeta tu línea horizontal no puedes confiar en ese nivel de precios para invertir.

Ahora para escalar con soportes y resistencias sólo hay que esperar una señal comercial válida. Las señales para este tipo de estrategia se obtienen cuando se rompe un nivel de soporte o resistencia.

Esto significa que en el caso de un soporte, interviene una vela bajista (roja) que cierra muy por debajo del nivel de soporte anterior, por lo tanto se entiende que se ha producido una ruptura, que debe aprovecharse abriendo una posición corta.

En el caso de que una vela alcista (verde) rompa el nivel de resistencia, debes abrir una posición larga en su lugar, pero el consejo es siempre esperar a que la primera vela alcista después de la ruptura se cierre antes de entrar en el mercado.

En este punto, sería apropiado pensar en colocar órdenes de stop loss, un buen método es fijarla por encima del nivel de soporte o por debajo del nivel de resistencia según corresponda. Típicamente, el stop loss podría fijarse al precio de apertura de la vela que violó el nivel de soporte o de resistencia. El stop loss es fundamental en el scalping porque permite evitar pérdidas que de otro modo podrían superar cualquier beneficio obtenido en otras operaciones de scalping.

Establecer el stop loss como debe ser, representa un seguro de capital porque a veces los traders tienen la tendencia a dejar posiciones abiertas con la esperanza de que la operación pueda recuperarse e incluso volver a la ganancia, pero esto sucede sólo en raras ocasiones, pero sobre todo para un scalper, el dejar correr las pérdidas significa fallar en los principios básicos de operación, así que recuerda tener la mayor frialdad en el cierre de las ejecuciones, tanto cuando son positivas como negativas, porque como scalper ya sabes que la próxima oportunidad está a la vuelta de la esquina y tienes que aprovecharla.

Estrategia con las bandas de Bollinger

Las bandas de Bollinger responden muy bien a las necesidades de los principiantes gracias a su facilidad de uso. Es un indicador muy utilizado para medir la volatilidad del mercado o un parámetro fundamental para el scalping y siempre hay que tenerlo en cuenta para cualquier técnica de trading que se quiera practicar.

Las bandas de Bollinger son capaces de ofrecer a los traders excelentes indicaciones sobre cómo actuar, o sobre el tipo de trading que se va a iniciar, ya sea para la venta o la compra.

Las bandas de Bollinger llevan el nombre de su inventor, John Bollinger, quien en los años 80 comenzó a hacer grandes negocios utilizando este indicador. Las bandas de Bollinger se sustentan en 3 curvas, que toman el nombre de bandas, que oscilan siguiendo los movimientos del precio en el

gráfico.

- La banda central, conocida como el promedio móvil lineal, mide las tendencias a medio plazo.
- La banda superior, por otro lado, se calcula tomando en consideración el promedio lineal móvil y añadiendo la desviación estándar 2 veces.
- La banda inferior, en cambio, viene dada por el promedio lineal móvil -2 veces la desviación estándar.

Pero más allá de los cálculos necesarios para el indicador, basta con saber que cuanto mayor sea la distancia entre las bandas que se pueden observar en el gráfico, así podría ser la volatilidad del mercado.

Si observas que las bandas convergen hacia el mismo punto te enfrentas a una contracción de la volatilidad.

Los traders son capaces de usar las bandas de Bollinger con extrema eficacia porque para operar sólo hay que notar cuál es la relación de las bandas con la tendencia de los precios. He aquí cómo invertir siguiendo las bandas de Bollinger:

- Es señal de compra cuando los precios alcanzan la banda inferior de la cruz, lo que indica un aumento inminente de los precios.
- Es señal de venta en el caso opuesto o cuando los precios llegan a la banda superior, síntoma de una subida excesiva y por lo tanto el mercado pronto se volverá bajista.

Cuando se observan bandas divergentes, es evidente que el mercado puede tomar movimientos decisivos y también algo previsibles, cuando en cambio, estamos asistiendo a un estrechamiento, es posible que esté a punto de producirse un cambio repentino en la tendencia de los precios, ya que la situación psicológica que se perfila es bastante clara, todos los inversores están esperando que algo cambie en el mercado para actuar.

Bandas de Bollinger, señales operacionales

- Para cuando los precios alcancen la banda superior, es muy probable que se esté produciendo un rebote interno en la banda y, por lo tanto, una caída de los precios. Este es un buen momento para entrar en el mercado con una posición corta y salir poco después con un beneficio. Cuanto más fuerce el precio, mayor ancho de banda, y más confirmaciones obtendrá de su señal de ventas operativas.
- En el caso contrario o cuando los precios alcanzan la banda inferior, está a punto de producirse un rebote interno, lo que indica un exceso de caída y por tanto; un aumento inminente de los precios. Es aconsejable ahora entrar en el mercado con una posición larga.

Las bandas de Bollinger son un indicador muy fiable que puede hacerte ganar. En la mayoría de los casos sólo tienes que ser un observador agudo de lo que ocurre en el mercado y prestar mucha atención a las señales falsas.

Las bandas de Bollinger no son infalibles y no pueden garantizar el éxito en el 100% de los casos, por lo tanto lo más importante sigue siendo la previsión para limitar las pérdidas mediante la inserción de stop losses que prevén la salida automática del mercado y el cierre de tu posición al producirse un movimiento adverso del mercado.

Guía práctica de la línea de tendencia

Como probablemente ya sabes, con el trading no obtendrás resultados inmediatamente, especialmente si no procedes a un análisis gráfico muy detallado. Con demasiada frecuencia vemos a los traders tirar su capital por el simple hecho de invertir sin ningún criterio y sin usar ninguna táctica o estrategia.

La importancia del indicador de la línea de tendencia

Una de las formas más simples pero efectivas es estudiar los movimientos de los precios en los mercados y utilizar los indicadores técnicos y en particular las líneas de tendencia. Cada indicador tiene sus cualidades pero hay algunos más importantes y utilizados que otros, todos ellos se utilizan para leer el pasado y la actualidad del mercado con el objetivo de prever los futuros movimientos de los precios con la mayor precisión posible, por supuesto, esto no significa ser capaz de predecir el futuro de lo que sucederá en el mercado, pero lo interesante es que se puede alcanzar un excelente grado de aproximación.

Por eso nos esforzamos por subrayar la importancia de utilizar indicadores y por eso optamos por elaborar esos documentos. Al continuar leyendo, puedes aprender más sobre el uso de las líneas de tendencia y cómo puedes utilizarlas para invertir en los mercados, ya sea en divisas, stocks, índices o productos básicos, no hay diferencia porque las líneas de tendencia son una herramienta utilizable siempre que lo desees.

¿Cómo funciona el indicador de línea de tendencia?

Seguramente ya sabrás que no nos gusta dejar nada al azar, sobre todo cuando explicamos el funcionamiento de un indicador técnico. Es realmente necesario dar una definición clara y simple del concepto de línea de tendencia, un indicador que se ha utilizado desde tiempos inmemoriales en el campo del trading y que siempre ha ofrecido excelentes resultados a sus usuarios.

Si se observa la tendencia de los precios en un gráfico y parece que se puede identificar una tendencia real o una tendencia dentro del mercado, será precisamente con las líneas de tendencia con las que se podrá resaltar adecuadamente la direccionalidad del mercado tanto alcista como bajista.

Existen dos tipos distintos de líneas de tendencia:

Línea de tendencia de apoyo: una línea de tendencia de apoyo y también llamada línea de tendencia alcista, es una línea de apoyo dinámica que une dos o más mínimos crecientes alcanzados por el precio

Línea de tendencia de resistencia: por el contrario, cuando hablamos de una línea de tendencia de resistencia nos referimos a una línea de tendencia bajista. Es una línea de resistencia dinámica que se puede dibujar en un gráfico uniendo dos o más máximos decrecientes alcanzados por el precio.

No todas las líneas de tendencia deben considerarse fiables de la misma manera, una línea de tendencia puede considerarse sólida sólo cuando ha tocado por lo menos dos o más puntos del precio, aumentando o disminuyendo como hemos destacado anteriormente.

En concreto, las líneas de tendencia no son más que líneas que en las tendencias alcistas conectan los mínimos de las correcciones, mientras que en las tendencias bajistas conectan los máximos alcanzados por las recuperaciones.

. . .

Cómo utilizar el indicador de la línea de tendencia

Una línea de tendencia puede generar señales comerciales sólidas y concretas a partir del tercer punto de encuentro con el precio, la direccionalidad del mercado permanece inalterada mientras el precio se mueve en la dirección indicada por la media línea, por el contrario, cuando las fuerzas dominantes del mercado pierden valor puede suceder que el precio invierta su dirección causando una ruptura en la línea de tendencia.

Dado que el comportamiento de las líneas de tendencia es comparable al de los apoyos y resistencias, se comprende bien la importancia del momento de la ruptura de una línea de tendencia. La consecuencia de la ruptura de una línea de tendencia podría ser la intervención del mercado, por lo que las líneas de tendencia que estaban soportando se convertirán ahora en resistencia y viceversa, entonces ocurrirá en el caso contrario.

Por supuesto, para estar seguro de que se ha producido una inversión de la tendencia en el mercado, un inversor prudente también debe realizar otras evaluaciones, ya que después de la ruptura de una línea de tendencia también podría haber una fase lateral muy poco fructífera para invertir. De hecho, durante las fases, no se recomienda en absoluto abrir una posición.

Para reconocer cualquier señal falsa generada por el mercado será necesario trazar en la nueva pendiente, cuando sea posible, una nueva sucesión de máximos o mínimos según corresponda. Si no existen condiciones previas para trazar la sucesión, no se puede hablar de una nueva tendencia verdadera.

Indicador de línea de tendencia y ángulo

Uno de los factores que deben tenerse absolutamente en cuenta al analizar el mercado con la ayuda de las líneas de tendencia es el ángulo que asume la línea que se va a trazar en el gráfico, con especial referencia, por tanto, a su velocidad. La pendiente de una línea de tendencia expresa de manera muy clara y directa los aspectos psicológicos que subyacen a los movimientos del mercado o, mejor dicho, se puede comprender inmediatamente cuál es la fuerza dominante del mercado en un momento dado.

Pero ten cuidado en caso de que una línea de tendencia sea demasiado pronunciada ya que es difícil que el mercado mantenga este ritmo frenético durante demasiado tiempo, puesto que los precios siempre están buscando nuevos niveles de equilibrio. En caso de que haya una ruptura en la línea de tendencia cuando es demasiado pronunciada, la tendencia puede continuar, mientras que en el caso de una línea de tendencia demasiada plana, se puede considerar que esta tendencia es demasiado delicada y difícil de sostener con el transcurso del tiempo.

Posiciones de apertura con el indicador de la línea de tendencia

Así que ahora vamos a averiguar el aspecto más interesante del uso de las líneas de tendencia. Esto significa que vamos a ofrecerte algunos métodos que operan en los gráficos de las líneas de tendencia para la apertura de posiciones de compra o venta que son válidas para cualquier herramienta financiera que decidas utilizar con la particular conveniencia de recurrir siempre a aquellos mercados vivos y altamente direccionales, caracterizados por una fuerte volatilidad, con especial referencia al Forex market, por supuesto, por el par principal de este mercado, el EUR/USD.

La ventaja de la utilización de este indicador radica ciertamente en el hecho de permitir una inversión efectiva tanto a largo como a mediano plazo, pero en última instancia también los traders que prefieren las inversiones en el Day trading pueden beneficiarse enormemente de la utilización de las líneas de tendencia que, sin embargo, deben utilizarse siempre también con la ayuda de otros indicadores técnicos que enriquecen y optimizan la información ya obtenida a través de las líneas de tendencia.

Entrada al mercado en largo: puedes elegir entrar en largo cuando se produzca la ruptura de una línea de tendencia de la resistencia, sin embargo será necesario que el nuevo nivel de apoyo sea probado por el precio sin que se produzca una nueva ruptura o una fase lateral sin éxit

o.

Entrada al mercado en corto: por el contrario se puede decidir abrir una posición bajista cuando se produce la ruptura de una línea de tendencia de soporte, en este caso las nuevas fuerzas dominantes del mercado serán los vendedores, pero como siempre, espera a que la señal sea confirmada por la sucesión de las mayores disminuciones tocadas por el precio 2-3 veces.

Utiliza las líneas de tendencia para invertir y disfrute de su facilidad de uso como muchos otros traders antes que tú. Hacer análisis técnicos y ganar gracias a tu capacidad de lectura de los gráficos podría ser mucho más sencillo de lo que pensabas, al ilustrar el funcionamiento de las líneas de tendencia te lo hemos demostrado ampliamente. Ahora te toca a ti aplicar estos sencillos principios para sacar el máximo provecho de tu actuación.

Cómo usar la estrategia de scalping con el indicador RSI

El término RSI significa índice de fuerza relativa. Este indicador es utilizado por los traders de cada orden y grado precisamente porque es muy fácil de usar y es perfecto para operar muy rápidamente para el scalping. El oscilador RSI se utiliza para establecer el cambio de un precio, para medirlo y luego entender si tu currency pair o materia prima o índice, está en la fase de "sobrecompra" o "sobreventa".

El oscilador RSI y su funcionamiento

En la práctica, este indicador de la fuerza relativa del precio es una herramienta útil para el estudio de gráficos similares al estocástico. Si deseas insertarlo en tu gráfico de precios puedes ver que su valor estándar está fijado en 14 períodos, pero puedes cambiarlo según tus preferencias aunque el consejo es siempre dejarlo como está.

Si lo que hemos dicho hasta ahora te parece complicado, sepa que el oscilador RSI no es más que una línea, muy similar a una media móvil que se presta por debajo de su gráfico de precios y que oscila entre dos valores: 0 y 100. Entre estos dos valores es posible indicar dos áreas particularmente significativas que siempre debes mantener bajo control, el área por encima del valor de 70 y la que está por debajo del valor de 30.

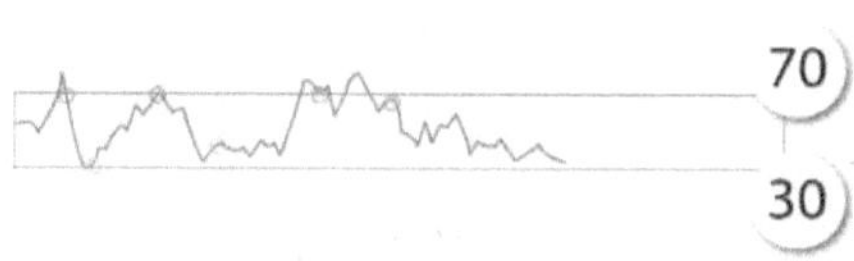

¿Pero, por qué estas dos áreas son tan importantes para lograr resultados usando esta estrategia?

Aquí llegamos al punto porque es el concepto clave de esta estrategia. De hecho, cuando el RSI está por debajo del valor de 30, el valor o activo con el que se quiere operar está en una fase de sobreventa, mientras que cuando está por encima de 30 está en una fase de sobrecompra. Como sabrás en el trading, las reversiones y las correcciones de precios son extremadamente importantes y muy a menudo representan la única, si no la más importante, oportunidad de colocar una inversión. Por eso es necesario prestar atención a los artículos sobrecomprados y no vendidos: cuando el precio está en esas zonas es posible que haya una inversión de la tendencia.

También se muestra una línea de 50 en el indicador, que es muy útil para identificar la dirección predominante del mercado que se está analizando. Especialmente tienes que notar si la línea está oscilando de abajo hacia arriba o viceversa.

Si quieres obtener una confirmación sobre la formación real de una nueva tendencia en el mercado, sólo tienes que identificar una divergencia. Las divergencias son muy importantes en el trading porque pueden ofrecer señales muy fiables que conducen a un trading exitoso en la mayoría de los casos.

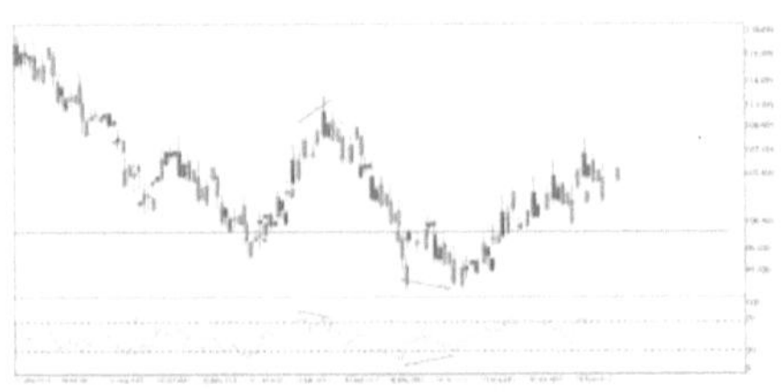

En el gráfico se pueden ver 2 ejemplos de divergencias relacionadas con el oscilador RSI. En el primer caso tenemos una subida del precio y un RSI en fase descendente, lo que indica que podría producirse una inversión bajista a corto plazo, lo que en realidad encontramos en el gráfico. En el segundo caso, sin embargo, podemos observar el caso opuesto, es decir, una disminución del precio y un RSI en fase alcista, aquí también se aplica la misma regla y por lo tanto el precio poco después empieza a subir.

Las señales de trading con la estrategia de scalping con RSI

Ahora que entiendes cómo funciona el indicador RSI, entremos en más detalles para entender cómo usar el indicador en scalping.

Primero tienes que seleccionar un marco de tiempo adecuado de la tabla. Es obvio que si se pretende escalar, el marco de tiempo debe ser muy estrecho y en ningún caso debe exceder de 15 minutos.

Recuerda que con el scalping y operando en marcos de tiempo tan bajos, tu operación no puede durar mucho tiempo. Algunas operaciones realizadas permanecen abiertas incluso durante sólo unos segundos, hasta un máximo de 4-5 minutos, pero raramente más tiempo, también porque es muy difícil que las nuevas tendencias duren mucho tiempo en un marco de tiempo tan corto.

- Entrada al mercado en largo: se puede abrir una posición alcista cuando el mercado está sobrevendido y por lo tanto, por debajo del umbral límite de 30, lo que indica que el mercado no es lo suficientemente fuerte como para continuar su dirección bajista y una inversión de la tendencia por esta razón es inminente y será alcista.

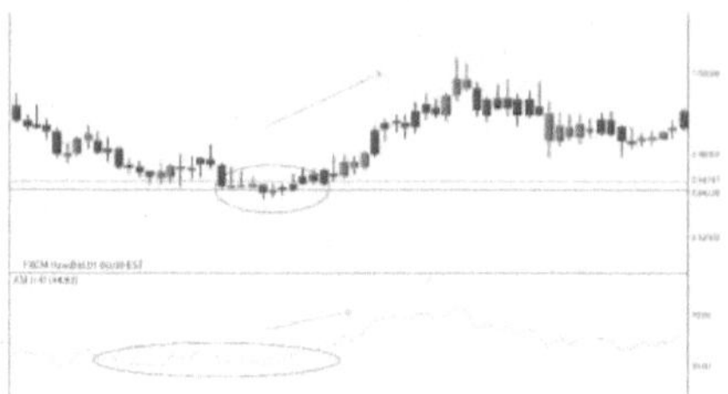

- Entrada al mercado en corto: en cambio puedes ganar abriendo una posición corta cuando el mercado está en la fase de sobrecompra por lo que notarás que la línea del RSI se mueve demasiado hacia arriba para superar el valor de 70, por lo que aquí por imposición de las circunstancias, el mercado cambiará de dirección porque ha habido un exceso de subida y podrás entrar y salir rápidamente aprovechando la corrección de la tendencia.

CAPÍTULO 11. CÓMO ENTENDER LAS NOTICIAS DEL FOREX MARKET

La divisa como impulsor fundamental

Cada moneda tiene su propio conjunto de factores fundamentales en los que el mercado la evalúa.

El entorno básico fundamental está presente, pero también está sujeto a cambios similares a las condiciones económicas que cambiarán en el curso de los ciclos comerciales.

Los temas fundamentales también cambiarán en importancia relativa unos de otros, con temas específicos que se dejarán de lado durante un período determinado si los acontecimientos o las noticias centran la atención del mercado en otros temas más importantes.

A medida que continúes, ten en cuenta que cada tema es aplicable a todas y cada una de las monedas, pero en diferentes grados en un momento determinado. Aprenderás algunos ejemplos de lo que probablemente sucederá con una moneda en función del contexto de los medios de información de cada tema.

Movimiento de los tipos de interés

Los tipos de interés son típicamente el factor más importante que impulsa el valor de una moneda. Sin embargo, no se trata sólo de dónde están los niveles de los tipos de interés ahora, aunque esto sigue siendo innegablemente importante.

Lo que realmente importa más, es la dirección general, su nivel en el futuro y el momento de cualquier cambio. Recuerda, los mercados financieros siempre están especulando sobre la dirección de los tipos de interés, aunque los cambios de los tipos de interés no son relativamente frecuentes.

Por ejemplo, hasta la fecha, el Banco de Inglaterra no ha cambiado el nivel de los tipos de interés desde 2009. Los cambios en las tasas de interés y la especulación sobre la dirección del mercado son los principales impulsores del valor de una moneda, tanto a diario como en plazos más largos.

Los datos que impulsan las perspectivas de las tasas de interés se centran en los informes sobre la inflación y los datos sobre el crecimiento económico. Ten en cuenta que cuanto más fuerte sea el panorama de crecimiento, mayores serán las presiones inflacionarias. Esto hará que los tipos de interés suban, lo que normalmente mejora las perspectivas de una moneda.

Si las lecturas de la inflación son más bajas o las perspectivas de crecimiento son más débiles, es más probable que los tipos de interés bajen o se mantengan estables, lo que suele perjudicar a la moneda a largo plazo.

Los mercados de bonos también tienen un enorme impacto en la dirección de los tipos de interés y se consideran la mejor herramienta de medición en tiempo real para los mercados de tasas de interés. Los bancos centrales sólo pueden afectar a los tipos de interés a corto plazo, ya que se rigen por el tipo de interés objetivo del banco central.

Sin embargo, los rendimientos de los bonos a más largo plazo, con el vencimiento a 10 años como instrumentos de medición, pueden reflejar la visión a largo plazo del mercado, así como la dirección de los futuros movimientos de los tipos de interés.

La disminución de los tipos de interés de los bonos podría apuntar a una perspectiva económica más débil y a la posibilidad de que se reduzcan los tipos de interés en el futuro. Por lo general, esto puede perjudicar a la moneda, mientras que los mayores rendimientos podrían dar lugar a una perspectiva económica positiva y a la posibilidad de que se eleven los tipos de interés, que normalmente apoyan a la moneda.

La influencia de los temas de los tipos de interés puede ser percibida por el mercado si se observa que los tipos de interés de las dos monedas divergen, cuando se espera que un tipo de interés de una moneda suba y el otro baje o estén al mismo nivel.

Para los cambios relativos que pueden favorecer a una moneda sobre la otra, se debe hacer un seguimiento de los diferenciales de rendimiento a tres meses (la diferencia entre los rendimientos de dos bonos del gobierno). Sin embargo, las tasas no tienen que divergir necesariamente para afectar a las divisas. El rendimiento de una divisa puede aumentar más rápido que el de otra y el aumento del diferencial entre ambas será evidente a largo plazo.

Perspectivas de crecimiento

Las perspectivas de crecimiento económico son el eje de varios factores que determinan el valor de una moneda. Esto incluye el atractivo del clima de inversión de una nación y la perspectiva de la tasa de interés.

No es sorprendente que cuanto más fuerte sean las perspectivas de crecimiento, mejor será el rendimiento de una moneda específica en relación con las monedas de países con perspectivas de crecimiento más débiles.

Un crecimiento más fuerte de la economía puede aumentar la probabilidad de que se eleven los tipos de interés en el futuro, ya que los bancos centrales suelen tratar de limitar el crecimiento rápido para evitar la tensión inflacionaria.

Mientras tanto, los datos de crecimiento más débiles aumentan la posibilidad de que los tipos de interés sean más bajos y perjudican las perspectivas de inversión. Numerosos informes de datos sobre el crecimiento reflejan sólo un sector específico de la economía más grande de un país, como el mercado inmobiliario o la industria manufacturera.

Según la importancia que tenga ese sector para la economía nacional en general, esos informes tienden a interpretarse como más o menos importantes.

Por ejemplo, la producción industrial es más importante en Japón en comparación con los EE.UU. debido al papel significativo que juega la manufactura en Japón. Además, no hay una receta fija de cómo los datos de crecimiento afectarán el valor de una moneda, pero si la perspectiva de la tasa de interés es básicamente neutral, como no hay una convicción sólida sobre el movimiento de las tasas de las dos monedas, el tema del crecimiento se vuelve más significativo.

Lucha contra la inflación

Como trader de Forex, necesitas monitorear los desarrollos de la política fiscal. El tema de la inflación tiene más matices en comparación con el tema del crecimiento en cuanto a sus implicaciones para el valor de una moneda.

Dependiendo del panorama general, esto puede producir resultados muy diferentes para una moneda. Básicamente, si hay una buena perspectiva de crecimiento y la inflación es demasiado alta, se puede decir que es un plus para el Forex market.

Por otro lado, si el crecimiento se debilita o es bajo y la inflación es demasiado alta, se puede decir que es un mercado negativo. En ambos casos, los tipos de interés podrían ser constantes o altos. Sin embargo, un caso de crecimiento lento-bajo sumado a tipos de interés altos/altos aumenta los riesgos de que una economía caiga en una recesión que podría en última instancia conducir a un recorte de los tipos de interés.

En vista de ello, las monedas son un poco inconstantes en el sentido de que se ven atraídas por tipos de interés más altos algunas veces, pero no siempre. El mismo escenario ocurre si un banco central mantiene los tipos de interés demasiado altos durante mucho tiempo, normalmente basados en la lucha contra la inflación y el mercado comienza a especular que una dificultad económica es inminente.

Este comportamiento del mercado no es inusual si piensas que el Forex market siempre está buscando tasas de interés futuras. Al considerar los datos de la inflación en el tema de la tasa de interés, debes ser consciente de cómo el tema del crecimiento general se mantiene. Si hay un buen crecimiento y la inflación es alta debido a la fortaleza económica, las lecturas de la inflación más alta apoyarán a la moneda.

Si hay una desaceleración y la inflación sigue siendo alta, el impacto en la moneda será menos positivo y probablemente negativo.

Medición de la fuerza de los temas estructurales

Además de la estabilidad financiera, la inflación, el crecimiento y los tipos de interés, suelen imponerse otros temas importantes, sobre todo en el aspecto estructural o el cuadro general del rendimiento de la economía.

Ten en cuenta que los temas estructurales pueden ser fugaces. Pueden estar en pleno vigor hoy pero pueden caer por completo mañana. Estos temas son normalmente periféricos a los que hemos discutido en las secciones anteriores, pero todavía pueden ejercer una importante influencia en los currency pairs por derecho propio.

Además, también pueden aumentar el impacto de los temas principales, como si se lanzara gasolina al fuego. Aquí están los temas estructurales básicos recurrentes:

- **Déficits:** Tanto los déficits comerciales como los fiscales se consideran normalmente negativos en el Forex market. En épocas de crecimiento bajo o lento, el efecto de los déficits pueden magnificarse al examinar la credibilidad de una moneda, como en el caso del euro. En épocas de crecimiento estable o alto, los déficits podrían tener menos influencia pero siguen siendo un factor negativo que pesa sobre la perspectiva general.

- **Empleo:** El empleo es un factor importante en el rendimiento a largo plazo de una economía y el principal impulsor de los tipos de interés. Mientras el empleo aumente, las perspectivas económicas a largo plazo se verán respaldadas. Sin embargo, si el crecimiento del empleo comienza a flaquear, como se refleja en los informes laborales, las perspectivas económicas tenderán a reducirse. El fuerte aumento del desempleo es uno de los factores que provocan los recortes de los tipos de interés por parte de los bancos centrales, lo que se remonta al tema principal de los tipos de interés.
- **Geopolítica**: Las tensiones políticas no siempre estuvieron presentes como lo están hoy en día, desde la guerra comercial contra China, hasta las pruebas nucleares de Corea del Norte, pasando por la agitación en el Medio Oriente. Durante los tiempos de tensión geopolítica, las monedas seguras como el franco suizo y el yen japonés tienden a superar a las monedas de mayor riesgo como el NZD o el AUD. Considerando el tamaño de la economía americana y la amplia participación militar, el USD también es vulnerable. Cuando las tensiones geopolíticas disminuyen, el mercado vuelve rápidamente a las condiciones preexistentes.
- **Cambios de gobierno o incertidumbre**: Los cambios de gobierno y la incertidumbre en el clima político pueden ciertamente dañar el sentimiento del mercado hacia la moneda en cuestión. Pero inmediatamente después de que los problemas se resuelven, los asuntos políticos tienden a desaparecer rápidamente.

CONCLUSIÓN

¡Felicitaciones por terminar este libro hasta el final!

En este punto, ya deberías tener suficiente conocimiento del Forex Trading y descubrir si este es un canal de ingresos adecuado para ti.

Con suerte, las lecciones que has aprendido en este libro te ayudarán a convertirte en un exitoso trader de Forex y a tener una carrera próspera.

Como resumen, me gustaría que recuerdes los siguientes puntos que hemos discutido en este libro:

- El Forex Market es el producto de importantes acontecimientos históricos que dan lugar a la designación del USD como la principal moneda de reserva para sustituir al oro. Esta es la razón por la que las principales monedas siempre se enfrentan al dólar.
- En el fondo, el Forex Trading consiste en especular el valor de una moneda contra otra. Al igual que el Stock trading u otros instrumentos financieros, el Forex Trading es especulativo

con la esperanza de que aumente su valor y que tú, como trader, obtengas un beneficio.

- En el Forex Market, siempre es importante tener en cuenta la liquidez, que se refiere al nivel de interés del mercado o al nivel de volumen de operaciones disponible en cualquier momento para un activo o un valor específico. Cuanto más profunda o más alta sea la liquidez, más fácil y rápido es operar un valor.
- El Forex Trading implica el comercio de currency pairs con nombres que involucran dos divisas diferentes. Los currency pairs tienen apodos o abreviaturas que se refieren al par pero no necesariamente involucran a las divisas individuales.
- En un momento dado, cualquier número de fuerzas del mundo real están trabajando en el Forex Market. Esto incluye eventos geopolíticos, decisiones de tasas de interés y datos económicos.
- Las principales teorías económicas que se encuentran en el Forex market son sobre los ajustes de paridad. Básicamente, la paridad se refiere a la justificación económica del precio al que deben negociarse los currency pairs según factores importantes como los tipos de interés y la inflación.
- En el Stock Market, el análisis fundamental mide el verdadero valor de una empresa. Un fundamentalista (que utiliza principalmente el análisis fundamental) basa su decisión de invertir o comerciar con acciones según los cálculos.
- Muchos inversores y traders del Forex market utilizan herramientas técnicas como indicadores, gráficos y tendencias.
- Al comenzar tu carrera como operador de divisas, hay habilidades básicas que necesitas aprender. Esto incluye habilidades analíticas, habilidades de investigación, enfoque y control, administración financiera y psicología.
- El Forex Trading es bastante similar al Trading en el Stock Market porque primero tienes que abrir tu propia cuenta de trading. Al igual que en el Stock market, cada cuenta de Forex, así como los servicios que puedes aprovechar, pueden ser

diferentes. Por lo tanto, es importante que busques la plataforma más adecuada para ti.

Aunque esta guía para principiantes es sólo un pequeño vistazo de todo lo que necesitas saber sobre el Forex Trading, espero que hayas adquirido suficiente conocimiento sobre este tema.

También te animo a que aprendas más sobre las complejidades del mundo de Forex y los currency pairs que quieres comerciar. Debes continuar con las mejores estrategias que sean adecuadas para ti.

¡Gracias de nuevo, buena suerte y no te olvides de dejar una crítica!

www.ingramcontent.com/pod-product-compliance
Lightning Source LLC
LaVergne TN
LVHW040443051026
849517LV00002B/732